梦山书系

# 幼儿园
## 户外活动空间设计
## 实务指导

吴振东 著

海峡出版发行集团 | 福建教育出版社

图书在版编目（CIP）数据

幼儿园户外活动空间设计实务指导/吴振东著.
福州：福建教育出版社，2024.9.—ISBN 978-7-5758
-0020-4

Ⅰ.G613.7

中国国家版本馆 CIP 数据核字第 2024LV3692 号

You'eryuan Huwai Huodong Kongjian Sheji Shiwu Zhidao
**幼儿园户外活动空间设计实务指导**
吴振东　著

| | |
|---|---|
| 出版发行 | 福建教育出版社 |
| | （福州市梦山路 27 号　邮编：350025　网址：www.fep.com.cn |
| | 编辑部电话：0591-83726908 |
| | 发行部电话：0591-83721876　87115073　010-62024258） |
| 出 版 人 | 江金辉 |
| 印　　刷 | 福建新华联合印务集团有限公司 |
| | （福州市晋安区福兴大道 42 号　邮编：350014） |
| 开　　本 | 710 毫米×1000 毫米　1/16 |
| 印　　张 | 7.5 |
| 字　　数 | 115 千字 |
| 插　　页 | 2 |
| 版　　次 | 2024 年 9 月第 1 版　2024 年 9 月第 1 次印刷 |
| 书　　号 | ISBN 978-7-5758-0020-4 |
| 定　　价 | 30.00 元 |

如发现本书印装质量问题，请向本社出版科（电话：0591-83726019）调换。

# 目　录

绪　论……………………………………………………… 1

## 第一章　空间规划与场地改造……………………………… 5

第一节　空间规划 /5
第二节　场地改造 /24

## 第二章　沙池与戏水池设计………………………………… 34

第一节　沙池设计 /34
第二节　戏水池设计 /40

## 第三章　山洞、迷宫与树屋设计…………………………… 44

第一节　山洞设计 /44
第二节　迷宫设计 /50
第三节　树屋设计 /53

## 第四章 种养区与其他活动空间设计 ······ 58

第一节　种养区设计 /58
第二节　其他活动空间设计 /63

## 第五章 多功能器械设计 ······ 70

第一节　多功能器械设计概述 /70
第二节　多功能器械设计例举 /81

## 后　记 ······ 116

# 绪　论

以高楼大厦为特征的快节奏的现代都市化生活方式，使得人们蜗居室内工作、学习、生活已成为常态，人们也因此与大自然的关系变得越来越疏远。人类本应是"自然之子"，但却不由自主地异化为"自然弃子"。这种人与自然的关系被人为割裂的"自然缺失综合征"，逐渐引起人们的关注。于是，越来越多的有识之士不断地呼吁：人类应重构与大自然的关系，应注重生态环境的营造，应走进大自然、亲近大自然。

在幼儿园教育中，"幼儿与自然的关系"应是一个重要内容。然而曾几何时，除了幼儿早锻炼、做早操、升旗、体育教学活动、午间散步、下午1小时户外锻炼等，幼儿园的操场等户外场地空间几乎都处于一种闲置状态。教师们习惯于在活动室或走廊等室内空间组织幼儿开展活动。直至现在，仍然有人公开提出这样令人啼笑皆非的观点：在上午9点左右这一时段让幼儿在户外活动，是对幼儿此时充沛的精力的一种浪费，在此时段应组织幼儿进活动室开展集体教学。显然，持有这种观点者，其实是打心底里就否定了户外活动的价值，这种观点可谓是不理解何谓幼儿学习、不恰当地迷恋室内活动和集体教学活动的一种典型表现。

《幼儿园工作规程》（以下简称《规程》）提出，全日制园所"在正常情况下，幼儿户外活动时间（包括户外体育活动时间）每天不得少于2小时"，"每日户外体育活动不得少于1时"。虽然由于各种主客观原因的存在，这一规定要保质保量地完成还是有一定的困难，但在可以进行户外活动的时间，不让幼儿在户外活动，这明显是不合理的。

其实，稍加思考便知，幼儿平日活动的主要场所无非就是家庭和幼儿园。幼儿在家庭中已拥有室内活动方面的经验，如果在幼儿园中的大部分时间又被安排在室内活动，那么，幼儿园所给予幼儿的还是关于室内活动的经验。如果认同经验丰富总比经验单一来得好，那么，从经验产生的场地空间而言，幼儿园在条件许可的前提下就应该尽量将活动安排在户外，以便让幼儿在园能够拥有与家庭室内空间活动经验相互补的户外空间活动经验。

在 2020 年世界经济论坛所发布的报告《未来学校：为第四次工业革命定义新的教育模式》中，安吉游戏作为符合时代要求的新教育模式之一，被推荐给了各国。安吉游戏带给幼教界的最直观的冲击，便是将户外场地空间充分利用起来，将俗称的"操场"变成"热闹而繁忙的"幼儿户外游戏场；只要条件许可，原来习惯在室内开展的游戏活动都可以搬到操场上来开展。活动场地的开放、活动材料的开放、活动观念的开放，成为安吉游戏的典型外显标志。

如果认同"活动场地的安排，能户外就不室内；活动经验的质量，应互相衔接与补充"这一主张，那么户外场地空间的创设质量就应该引起人们的重视。户外场地空间既是幼儿开展户外活动的载体，又是幼儿户外活动的对象。活动对象的多样性，可以为幼儿关系的多元化创造良好条件，让幼儿在互动中产生多元的经验。而要确保户外环境创设的多样性，那么在户外空间设计时就应牢牢记住自然与生态性这一重要原则。好的户外空间设计，应该尽量为幼儿创造一个自然生态的"博物馆"，尽可能地为幼儿创造不断学习与发展的机会。虞永平在为《自然的情怀——自然教育探索之旅》一书所作的序言中写道："在追求所谓现代化、高档化、科技化的今天，不少幼儿园在比较谁的塑胶地价格高、面积大、进口的还是国产的，很多幼儿园喜欢把其仅有的场地用化工产品遮盖得严严实实，寸草不生，哪怕做大型雕塑也不种树木，哪怕做用处极少的戏水池也不规划种植园地。"[1] 时下在幼儿园户外空间环境创设中，与生态意识背道而驰的最普遍的做法，便是不少幼儿园在园舍施工建设时喜欢简单粗暴地将空旷的泥土地用水泥"一硬了之"，然后再给硬化

---

[1] 胡彬、许芊芊著：《自然的情怀——自然教育探索之旅》，东北师范大学出版社，2014 年版，序第 1 页

的水泥地铺上塑胶等工业材料予以"软化",以此显示办园条件之"高端"。幼儿园的园区建设,不像市政道路工程那样需要尽可能地硬化,市政道路上经常有汽车等交通工具通行,没有硬化就容易使道路不堪重负,幼儿园的园区自然不会有此必要。须知,土地一旦被铺上了水泥,就会因无法呼吸而失去生命的气息与活力。

《规程》在"幼儿园的园舍、设备"一章中明确指出:"幼儿园应当有与其规模相适应的户外活动场地,配备必要的游戏和体育活动设施,创造条件开辟沙地、水池、种植园地等,并根据幼儿活动的需要绿化、美化园地。"《福建省示范性幼儿园评估标准(修订)》在"园舍设备"这一部分中也指出:"因地制宜创设自然生态的户外活动环境,有适宜多样的花草树木、沙地、坡地、水池、种植园地等,布局合理、安全美观,适合幼儿活动需要;提供适当的运动器械与游戏材料,支持幼儿开展体育运动、游戏和自然探索。""提供必要的遮阳遮雨等设施条件或利用室内空间,确保特殊天气条件下幼儿活动的正常开展。""幼儿园绿地率不低于30%全园占地面积,人均绿地(绿植)面积不低于2 $m^2$。室外地面游戏场地人均面积5 $m^2$以上。"

在户外场地应尽量体现生态理念的前提下,户外场地设计有几点需要特别强调一下:户外场地设计要相对开阔,以满足幼儿奔跑的运动需要;除硬化一部分场地以满足幼儿升旗等集会与拍球等活动的需要外,应尽量确保有沙地、坡地、草地等各类生态场地,并尽量扩大这些生态场地空间的面积。在此基础上,为幼儿积极创设机会感受地表各种自然肌理,如浅丘地貌、局部微地形、单面坡、沟壑、山洞等,让幼儿获得在不同场地活动的经验。场地设计尽量避免出现不必要的"空间区隔",比如不必要的绿篱笆、路沿牙石、戏水池全用垂直围边等一些人为做法,尽量将场地"化零为整"地打造为开阔的活动空间。在沙池的设计上,应突显其所具有的课程价值,即应满足班级幼儿能够在沙上开展集体建构游戏活动的需要,不宜因过分追求造型,或不合理地在其上方设置大型器械而影响沙池的实用功能。在树木花草的种植上应体现多样性,比如有各种各样的果树和观赏用的花草树木,也有适用于攀爬运动的树木等。在种植园地的设计上,应体现"全收获"理念,让幼儿有机会参与种植管理活动的全过程;在饲养角的设计上,应尽量体现动物伦理原则。在户外大型器械的设计上，应尽量将其放置在场地的边角处，尽量发挥大型器械盘活"不好用"场地的增值功能，尽量体现器械设施的多功能性，让幼儿与大型器械的互动方式尽可能是多元而有趣的，让大型器械带给幼儿"好玩、爱玩、百玩不厌"的游戏体验。此外，户外场地还应设计一些便于幼儿取放物品的储物空间，让幼儿可以相对就近地取放开展活动所需的各种材料。

丁海东指出："开展户外游戏是现代幼儿园课程建设的基本任务。"[1] 而高质量的户外游戏活动离不开户外场地这一客观因素。应该说，高质量的户外场地是高质量的户外游戏不可或缺的重要条件，也是现代幼儿园课程建设的基本任务之一，同时也将成为园长课程素养的最直接的体现之一。

---

[1] 丁海东：《户外游戏让童年诗意地栖居在大地上——幼儿园户外游戏的课程价值与基本理念》，载《幼儿教育·教育教学》，2019年第10期，第22页

# 第一章 空间规划与场地改造

## 第一节 空间规划

幼儿园户外场地空间设计的首要工作，便是要对空间资源进行合理而科学的规划。规划户外场地空间应遵循自然生态性、整体性和合理性等基本原则。

### 一、自然生态性原则

自然生态性原则，指的是幼儿园户外空间环境设计应体现自然性与多样性，尽可能还户外空间以绿地、山坡、沙土地乃至裸地等多种自然样貌，尽可能有多种类的花草树木、鸟兽虫鱼等。自然生态的户外空间环境，意味着空气质量是达标的、绿地率是符合要求的，有利于幼儿身体健康，是幼儿认识大自然、萌发生态意识的大课堂。

王海英撰文指出："幼儿园不要给幼儿提供一个过度加工的精致环境，要尽可能保持环境的自然生态。譬如，户外以草地、木屑、沙土、泥巴等来代替水泥地、塑胶地等，以土坡、竹林、泥塘、沙池、植物迷宫等来代替过度结构化的塑料攀登架、蹦蹦床等，以砖头、石头、草绳等来代替塑料制品。"[1]之所以将自然生态性原则作为户外场地空间规划应遵循的首要原则，正是因为当下不少幼儿园的户外空间因过度关注安全性等原因，凡是场地便简单粗暴地"一硬了之"的现象较为严重。这个"一硬了之"，包括直接铺上水泥、悬浮地板、彩胶石地板、硅PU地板、塑胶地板等让土地无法呼吸、看不到草

---

[1] 王海英等著：《儿童视野的幼儿园环境创设》，人民教育出版社，2019年版，第13页

地也见不到自然绿色的各种"造价不一"的做法。幼儿园户外场地因广泛采用平整的人工地面,使得户外自然地表肌理类型少、面积小,园所严重背离了《规程》对户外活动环境创设的要求。

(一)自然生态性原则下需要反思的案例

案例1:户外场地空间,一硬了之。

图1-1-1中所示的空间如此开阔,却简单地"一硬了之",铺上了塑料材质的悬浮地板,看不到草地也见不到自然的绿色。面对这种令人颇为不解而又比较普遍的做法,笔者曾咨询过几位园长,得知其中原因主要有三种。有的园长说是因为养护草地成本太高,硬化了就不需要考虑草地养护费用;有的则说,如果场地没有硬化,遇到雨天或雨后积水,到处湿漉漉的,活动起来很不方便;也有的园长说,如果草地没有养护好变成沙地,一遇到刮风天气,会存在扬尘问题。

图1-1-1

对幼儿园来说,幼儿做早操或升旗等集会活动确实需要硬化一定面积的场地,但如果将场地都"一硬了事"而不留草地、沙土地,则是缺乏生态意识的具体表现。上述的三个客观原因诚然是需要考虑的问题,但一再强调困难而不思考解决问题的办法,则是慵懒的表现。俗话说,办法总比困难多。就图1-1-1所显示的场地空间而言,至少放置滑梯的那些场地应是草地或比较松软的沙土地,这样处理不仅能体现生态意识,也比较符合滑滑梯活动的安全需要。如果担心雨天或雨后积水使得到处湿漉漉的,则可以在草地上铺设供行走的汀步石。

（二）自然生态性原则下值得借鉴的案例

案例2：掀掉彩胶石地面，让场地更具自然生态性。

图1-1-2是泉州市温陵实验幼儿园基于自然生态性理念的考量，对全园场地空间进行整体规划（该园共有三个独立的户外活动空间，决定保留一个原有的彩胶石场地、一个改铺人工草坪，一个则直接改造为草地），决定掀掉园内原有三分之一的彩胶石地板空间，并将原本平坦的地板改造为可以钻爬的微地形。显然，改造后的场地空间更能体现自然生态性，更符合《规程》的要求。

图1-1-2（1）

图1-1-2（2）            图1-1-2（3）

案例3：去掉人工草坪，让空间活动环境更自然。

图1-1-3所示为四川省蒲江县南街幼儿园"树朋友"自然教育课程活动剪影。其中图1-1-3（1）是铺上人工草坪时，图1-1-3（2）是去掉人工草坪后的实景。从图示可知，整改后的活动环境更自然、更有生态意蕴。爬树方式也不再是使用绳梯或木梯，而是由若干枯木棍不规则地拼搭成为结构不良的"攀爬架"，增加了攀爬的层次性、挑战性与趣味性。图1-1-3（3）是小班幼儿在去掉人工草坪上的沙土地上"捡宝贝"（小鹅卵石），沙土地丰富了户外场地空间的活动内容，扩大了场地的课程价值。

图1-1-3（1）　　　　图1-1-3（2）　　　　图1-1-3（3）

案例4：大面积的草地，让人赏心悦目。

图1-1-4为福建省实验幼儿园泉州分园内大面积的自然草坪。放眼看去，一派绿色，令人顿时忍不住想象脚下踩着一片松软草地的亲切之感。对于久居于钢筋水泥丛林中的人们，绿色自然的空间环境已成为生活中的一种奢求。因此，强烈建议幼儿园在户外空间规划时应尽可能留出草地，户外场地非必要而不轻易硬化（包括塑胶化）。

图1-1-4

## 二、整体性原则

整体性原则，指的是应将幼儿园户外空间所有构成要素，如功能、造型、色彩、尺度等，形成一个协调统一的整体。不管是活动空间规划还是活动器械设置，都要考虑各要素之间的内在联系，要将整个场地空间环境视为一个整体（包括整个幼儿园户外空间也应与整体环境氛围相适应），切忌以孤立的视角来考虑某一个活动空间的规划或某一项活动设施的设置，而应充分考虑各活动空间或各活动设施之间的有机整合与充分利用。比如，可以考虑将浅丘与山洞的设施设置在相对开阔的场地空间，并利用浅丘的山坡与山洞共同构建一个综合游戏场，即可将山洞、壕沟、瞭望台等搭建在浅丘主体区，在浅丘的周围设置器械区、野炊区等游戏空间区域。

在整体性原则下规划户外场地空间时，应该旗帜鲜明地反对"化整为零"的错误设计思路，比如通过砌墙、壁柜等方式，人为地将本该以整体方式呈现的空间处理成若干个相对孤立的小空间；应秉持"化零为整"的思路，让有限的空间得以发挥其最大的效益。吕进锋等撰文指出："幼儿园儿童游戏空间必须首先保证空间中各种'流'的顺畅性，然后才考虑空间功能的多样性，否则由多样性而形成的节点过多，反而成为'空间流'的阻滞因素。'空间流'不顺畅，游戏空间的生产就无从谈起。因此，儿童游戏空间应尽量减少空间的阻隔，有些基于功能分区而进行的阻隔也应尽量保证不同的游戏空间之间流动性，做到隔而不断。"[1]

（一）整体性原则下需要反思的案例

案例 5：没有考虑遮阳问题，再大的空间也无法充分利用。

图 1-1-5（1）是某园户外活动空间环境规划平面图，图 1-1-5（2）是该幼儿园施工实景，该设计存在的主要问题，一是在有阳光照射的情况下，没有考虑必要的遮阳设施，比如栽种有较大树冠的绿化树木，故而如此开阔的户外运动场无法得以充分利用；二是在离大门不远处设置大型活动器械，不仅破坏了本已方正开阔的运动场的整体美，也会让人觉得太突兀；三是在仅有的相对比较开阔的草地中设置了大型多功能活动器械，无形中浪费了这一

---

[1] 吕进锋、曹能秀：《空间失衡：再论幼儿园儿童游戏空间》，载《陕西学前师范学院学报》，2019 年第 5 期，第 15 页

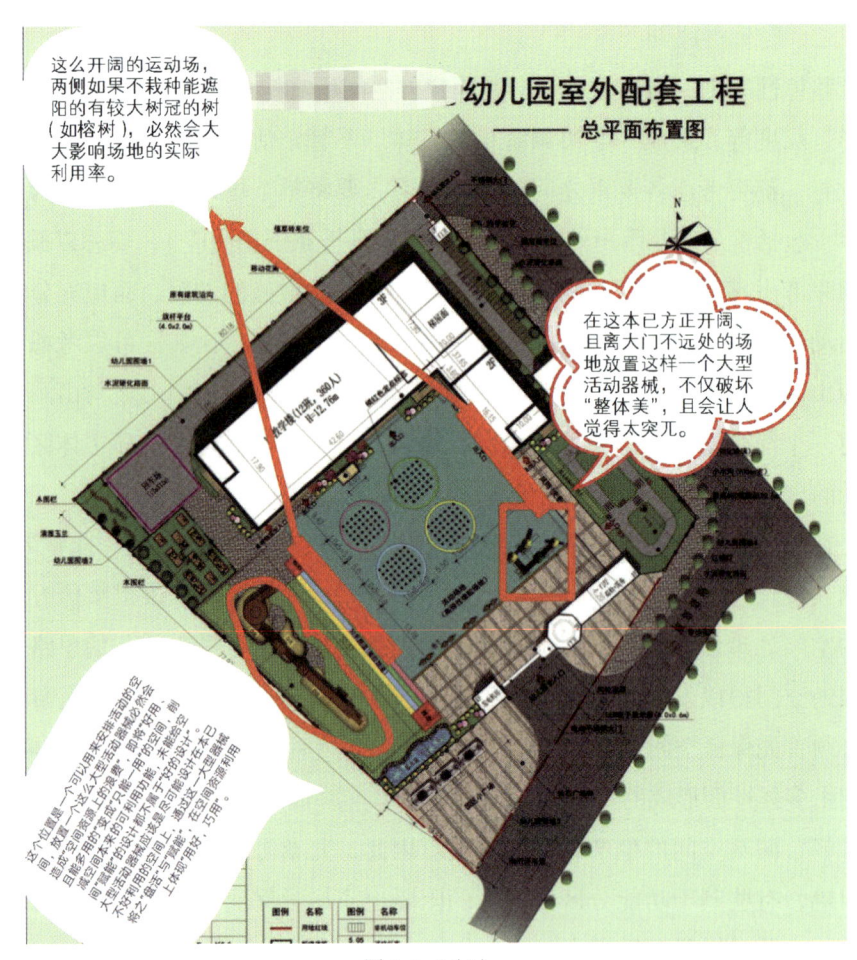

图 1-1-5（1）

图 1-1-5（2）

难得的自然空间资源。其实，大型多功能活动器械宜设置在幼儿园户外环境的边角处，或相对比较不好利用的活动空间。这样的设置思路是通过大型器械将原本利用率低的空间加以盘活，实现空间利用率的最大化。

图 1-1-6 是某幼儿园户外设计效果图。从图上可知，该园户外场地空间也是存在着比较典型的阳光东西照的问题。同理的，如果一开始在户外场地规划时，未能很好地将日晒问题的有效解决方案综合考虑进去，势必会影响到场地的实际利用率。该园设计存在的另一个问题是将沙水池设置于进园大门的左边，破坏了视觉效果的整体性。而图 1-1-7 是已经投入使用的某幼儿园户外场地实景。该园尽管户外场地开阔，但也因为没有考虑好遮阳的问题，使得如此开阔的户外场地"虚有其表"，一天中能在这个户外场地开展活动的时间极其有限，尤其是到了夏天，从上午 10 点左右至下午 4 点左右这段时间里，在炎热的阳光下要组织幼儿外出活动是不太可能的。《福建省示范性幼儿园评估标准（修订）》在"玩教具配备指导建议"中明确指出："户外活动场地既要保证日照的需要，也要有必要的荫凉和遮阳设施，幼儿园应关注本地紫外线指数情况，适时引导幼儿到树荫下或有遮阳伞、遮阳棚的区域活动，防止紫外线对幼儿皮肤、眼睛造成伤害。"

图 1-1-6

图 1-1-7

案例 6：造成空间浪费的不合理的人为分割。

图 1-1-8 所示的某幼儿园户外空间设计存在的主要问题，一是山洞设计在进入幼儿园大门的左前方，一进门就迎面扑来一座从平地而起的山坡与山

图 1-1-8

洞，严重破坏了活动场地开阔的整体观感；二是山洞所在的草地与沙池被分割开来，导致地方过于零碎，难以利用。其实，宜将山洞（山坡）向左边移动，并与沙池整合为一个整体，使得空间能够以整体"成片区"的方式加以利用。

（二）整体性原则下值得借鉴的案例

案例7：山坡与沙池连接为整体。

图1-1-9所示的空间是将沙池与山坡整合在一起，不存在空间浪费的现象；沙池边沿的轮胎，既可以起缓冲作用，又可以防止沙池里的沙外溢出来，且轮胎也可以让幼儿开展走平衡木活动。

图1-1-9

案例8：硬化场地与草地自然连接为一体。

图1-1-10所示的是某幼儿园户外活动空间中，硬化场地与草地没有用常见的高出路面的路沿牙石人为地分割为两部分，而是位于同一水平面的整体，这应该说是懂得幼儿园户外空间功能的难得的施工做法，值得推广学习。软硬场地有机连接为一个整体，意味着幼儿可以在连为整体的场地空间中自由活动，无须考虑高出路面的路沿牙石是否会给他们的活动带来绊脚的危险。

图 1-1-10（1） 　　　　　　　　图 1-1-10（2）

案例 9：某幼儿园户外空间整体规划范例（一）。

图 1-1-11 为某幼儿园户外活动空间整体规划平面图。[1] 该园在交付使用前，户外活动空间已有一定规划，本次整体规划与设计尽量尊重已有的基础。以下为该园户外空间整体规划与各区域活动空间设计思路。

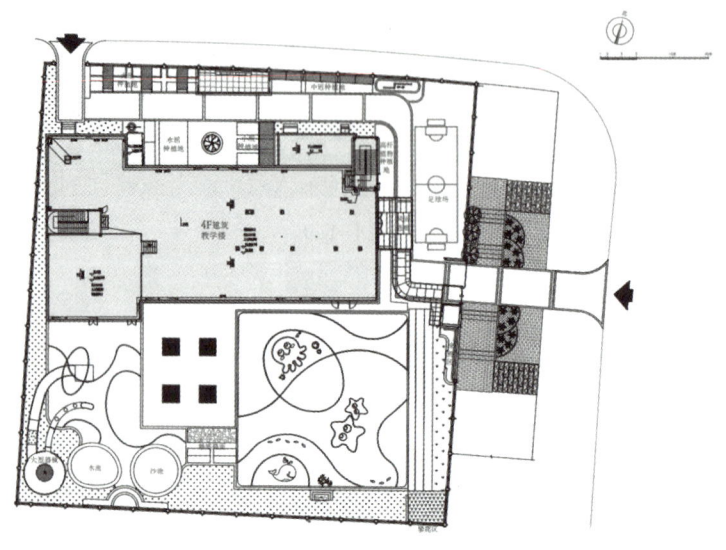

图 1-1-11

---

[1] 吴振东著：《幼儿园课程与实践新述》，福建教育出版社，2022 年版，第 102—105 页

1. 户外场地空间整体规划思路。

（1）进入大门左边的空间规划：左边围墙处至升旗台这一片空间比较开阔，设置的活动区域分别是：涂鸦区（利用保安室的外墙和围墙）、声音探索区（利用围墙的铁栅栏）、跑道区（原有设计）、升旗台（原有设计）、低结构器械自主组合运动游戏区（原有设计）、感官步道体验区（由原来设计的、紧邻运动区的8小块种植地改造而成）、球类区（含跳房子游戏、飞行棋游戏区等）、沙池（原有设计）、水池（原有设计）、软体器械运动区（如羊角球与毛毛虫等）、大型多功能运动器械区。

（2）进入大门右边的空间规划：紧邻大门与教学楼之间的硬地设置为足球运动区（原有设计）；消防通道两侧空间设置为种植区（该场地有明显的穿堂大风且消防通道需要保留4米净宽，受这些条件制约，故该场地不适宜规划为供幼儿运动的活动空间）。

2. 户外各活动区域空间设计思路。

（1）风雨长廊：入大门处与教学楼之间设置连廊，便于雨天家长接送幼儿；风雨长廊的造型应设计成流线型，不主张采用过于生硬而简单的"横平竖直"造型；可以在长廊顶棚的钢化玻璃上张贴主题系列剪纸，如十二生肖或与本土文化资源相应的剪纸图案等，剪纸图案的张贴要注意空间间隔、注意疏密有度；在长廊的钢管或横梁上做一些小挂钩，以供节庆活动时"张灯结彩"之用；另，务必要考虑到消防通道的功能，即风雨长廊要留出足够的宽与高，让消防车可以进入。

（2）涂鸦区：用水泥在地面上铺3~5厘米厚的底板（底板稍微向外倾斜，以防止雨天积水），再架高16~18厘米搭建小平台，平台下方作为放置各种颜料桶、绘画工具等的收纳柜，平台上方要使用防滑砖，便于幼儿踩在平台上涂鸦；涂鸦墙面分为粉笔墙面、水粉墙面、水彩墙面等；保安室墙上的空调外机，可以考虑用透气的木箱子罩住予以美化；将原来的整排灌木丛改成草地，便于幼儿亲近自然。

（3）户外声音探索区：将围墙下方原来用于绿化的整排灌木丛改成草地，让幼儿可以通过草地走近围墙；利用围墙设置各种通过敲击可以发出声音的器具，作为幼儿开展户外声音探索区域。

（4）沙水区：沙区部分，原来升旗台周边的灌木保留，作为升旗台的背景景观；沙区两边各移除1棵灌木，其余灌木丛换成草坪；沙区旁增设一个弧形洗脚池，设置4个左右不同造型的水龙头，洗脚池的水直接排入沙池（如果以后沙池有改造，应在沙池挡沙墙的四周预留水龙头）；在沙池靠近围墙边的长条形窄小空间，设置收纳雨鞋、工具等的储物柜；在墙面上做一根可收纳的支架，支架上系上带有挂钩的长绳，并悬挂上筛子，以供幼儿玩筛沙游戏（活动结束后，应及时将绳子系到高处）。戏水区部分，靠近围墙边设置能够收纳工具的储物柜。

（5）球类区：在原有绿化树的两边各放置两个篮球架，利用原有的硬化场地，让幼儿开展拍皮球活动；同时，在硬化场地的地面上画上白色格子，以供幼儿玩跳房子、飞行棋等游戏，即该硬化场地既可以玩拍球游戏，也可以玩各种民间传统游戏。

（6）软体器械运动区：将原有的橡胶场地设置为供幼儿自选羊角球、毛毛虫等游戏的活动区。

（7）大型户外器械区：利用已有的大树及靠近围墙的边角空间设置大型器械运动区，将这棵大树的课程价值充分挖掘出来，同时也将这个边角空间合理地盘活。围绕大树四周设置树屋，树屋平台高度控制在1.8米左右，大树要保留攀爬价值，以及供幼儿观察树干、树根等的功能。从树屋底部上到大型户外器械平台，至少要有3种不同方式（如旋转木梯、绳梯、消防绳、竹梯等）；原则上树屋出口多于入口，出入口方式都要多元化；平台上可以考虑镶嵌两三块形状各异的钢化玻璃，以及设置一张1平方米左右的绳网等；大型户外多功能运动器械所提供的运动方式尽可能多样化，尽可能涵盖钻、爬、平衡、悬垂（悬吊）、摸高等运动功能；在架空的空间设置秋千，款式不一（如轮胎、木板、塑料等），数量不少于3个。

（8）骑行区：考虑将骑行路线规划在运动场四周，在不影响活动的前提下让幼儿有机会四处骑行，因为幼儿喜欢边骑行边"看风景"；骑行车辆种类不少于3种。

（9）低结构器械自主组合运动游戏区：在教学楼外墙处设置低结构运动器械的收纳柜，柜中摆放的器械以便于幼儿运动与取放为原则。

（10）感官步道体验区：将原来设计的与运动区紧邻的方块形种植区，更改为感官步道体验区，如可以将原来设计的种植区场地平铺上鹅卵石、瓦片、木桩、清水砖、草皮、木块、泥土、竹片、小石子、马赛克等，作为开展趣味感官步道体验活动的区域。

（11）足球场：进入大门右侧的硬化场地，可借用围墙和教学楼墙作为足球场的两个自然围挡边；在硬化场地上铺设人工草坪，两头放置两个可移动的足球门框。

（12）种植区：①种植区的标牌设置在围墙边的第3根柱子上（一进幼儿园大门，往右边就可以明显看到这个种植区标牌），种植区的名字可以考虑让大班幼儿来取（如"娃娃农场""童趣种植园"等），并请大班幼儿来设计该标牌的图案。②基础种植区。每个班级种植不同品种的植物（有条件的还可以考虑栽种水培植物），每三个班级的种植区要预留棚架（棚架事先设置好），供幼儿栽种爬藤类植物；每个班级的种植管理与观察记录本应就近设置在所栽种的种植区周边，便于幼儿及时观察与记录。③高秆植物种植区和水稻种植区。将足球场对面的教学楼墙角下的空间，设置为高秆植物种植区，供幼儿栽种甘蔗、向日葵、香蕉、玉米、高粱等高秆植物；靠厨房的场地可以考虑种植水稻。④收纳劳动工具的区域和种植博物区可以合并，设置在同一个场地空间中。⑤种植区要考虑取水问题。建议浇灌的方式尽可能多样化，比如人工舀水浇灌、用PVC水管做滴灌、喷灌等；可以考虑在种植区的适当地方设置一个类似水井的设施，让幼儿体验用葫芦提水的乐趣，或是设置一个高出地面50厘米左右的储水水槽，供幼儿直接从水槽里舀水浇灌。⑥每个种植区域要安装相应的摄像头，供幼儿在寒暑假期间及时关注种植区植物的生长变化，让幼儿对种植区的观察不因放假而停止。

案例10：某幼儿园户外空间整体规划范例（二）。

图1-1-12为晋江市紫帽镇中心幼儿园户外活动空间整体规划平面图。该园户外场地空间面积大，但有很大部分的场地是位于建筑楼房与围墙之间，呈狭长环形，且有一条略呈斜坡的消防通道。该园在空间规划时突显了"大而合理"的原则。"大"体现在区域块面规模化，比如：将沙池边的场地充分利用，使原有沙池扩大了一倍以上（见图标⑤）；将消防通道与建筑楼之间所

图 1-1-12（1）

①声乐探索区
②多功能器械活动区
③冒险山坡区
④户外拼搭区
⑤沙水区
⑥涂鸦区
⑦攀爬区
⑧足球场
⑨国防教育体验区
⑩户外综合活动区
⑪科学探索区
⑫快乐小农场
⑬戏水区
⑭户外建构区

图 1-1-12（2）

形成的略呈齿状的凹角处，规划为运用各种涂鸦材料与形式的涂鸦乐园（见图标⑥）。"合理"体现在因地制宜，充分利用，比如：将大型综合器械设置于建筑楼房与围墙之间狭长场地上，并与已有的人工草坪上的"冒险山坡区"（见图标③）相衔接，借助大型器械，不仅将原本不好利用的空间充分盘活，同时也与已有设施有机整合为一个相对比较块面化的运动区域（见图标②③）；将原来硬化草地旁边的两块三角形平坦草地，改造为有各种微地形活动空间的国防教育体验区（见图标⑨）；将相对独立、日照条件好且邻近厨房的空间规划为"快乐小农场"（见图标⑫）；利用原来已经硬化的操场，规划了一个有 30 米直线跑道和微型足球场的活动空间（见图标⑧）。

案例 11：某幼儿园户外空间整体规划范例（三）。

图 1-1-13 是泉州市泉港区实验幼儿园户外操场改造前的航拍图。原规划存在的主要问题是开阔的空间被"化整为零"分割为若干个小空间，使用率不高的戏水池占用了太大空间，直接导致场地空间的实际利用率低。活动空间区块划分交叉重叠，视觉效果较为杂乱无序。

图 1-1-13

图 1-1-14 是该园户外操场改造后的全景图。操场前半部分改造为硬化场地，并将升旗台调转一个方向，移到教学楼前面，将教学楼作为升旗等集会活动拍照的背景（原来的升旗台临近围墙，升旗拍照时围墙外的居民楼和店铺自然成为背景，效果明显欠佳）。操场后半部分为绿地，并将绿地设计成由山洞、地道、大型多功能器械等共同构成的综合游戏场。场地进行了块面化规划，并去除之前"化整为零"的多种隔断物（如宣传广告牌、绿篱笆，以及会掉落树叶砸伤人的棕榈树等），让操场给人一种开阔、规整、舒适的视觉效果。

图 1-1-14（1）

图 1-1-14（2）

改造后的硬地和升旗台

改造后由山洞、迷宫、大型器械组成的游戏场俯视图

图 1-1-14（3）

图 1-1-14（4）

图 1-1-14（5）  改造后由山洞、迷宫、大型器械等组成的游戏场

图 1-1-14（6）  改造后的场地局部

图 1-1-14（7）  改造后的场地局部

图 1-1-14（8）  改造后的场地局部

### 三、合理性原则

整体关乎全局，而合理可能只关注局部，因而整体就是合理的，但合理未必是整体的。合理性原则，指的是应将各种活动内容设置在适宜的位置，即体现场地空间与活动内容的最优化匹配以及不同活动内容之间的搭配，如遵循"干湿分离、动静分开、相关邻近、不留死角"等设置原则，利于各活动内容的有效开展。比如，生活实践坊（儿童厨房）宜设置在一楼，且最好紧挨着种植区并与幼儿园厨房为邻，以便在生活实践坊开展活动时，可以将采购来的或从种植园地采摘的食物寄存在厨房；沙池应置于向阳背风处，沙池与戏水池宜设置为毗邻区域；30米直线跑道要预留出等候区和缓冲区，并尽量避免是东西朝向；大型运动器械的设计应考虑幼儿在运动能力上的年龄

差异，在确保适宜小班幼儿运动的项目与空间的基础上，再延伸设计出挑战性较大的、适宜中大班幼儿运动的项目。

（一）合理性原则下需要反思的案例

案例 12：足球场设计好看，但却不实用。

如图 1-1-15 所示的足球场地，应该说有不少幼儿园都是这样设计的。从视觉效果来看，绿色的人工草坪配上白色线条的球场，确实挺赏心悦目的。但如果从实际使用的角度来审视，则不难发现该足球场地实用性较差，足球场地所设置的位置明显不合理。因球场缺乏必要的围栏，幼儿可能要花较多时间于捡球上，影响了足球活动的有效开展；而如果每次开展足球活动再来临时搭建或移动围栏，则费时又费工，极为麻烦，必然影响到足球活动常态而有效地开展。故在足球场地的设计上，宜将其设置在至少有一条自然围挡的"长边"的空间里，比如有两道长围墙的活动空间。

图 1-1-15

## （二）合理性原则下值得借鉴的案例

案例13：化零为整，合理利用。

图1-1-16（1）和（2）是沙池整改前后的对比。整改前沙池所处空间由沙池、硬地和绿篱三部分构成。绿篱面积太小，不成气候；硬地又仅有一个篮球架，空间利用价值不高。整改时采用"三归一"化零为整的思路，将原来三部分直接整合成一个成规模的大沙池，将原来留白的墙壁设计为各种攀爬运动内容（事实表明，改造后的这个攀爬墙使用率不高，如果当时利用这个墙面设置让幼儿升降沙袋，或通过滑轮运沙，或设计一个与幼儿身高大致相当的平台供幼儿练习跳落活动等，可能效果会更理想），整改后对空间的合理利用之效显而易见。

图1-1-16（1） 　　　　图1-1-16（2）

案例14：因合理利用而使空间具有课程意义。

图1-1-17是泉州市台商投资区第二实验幼儿园的风雨连廊的环境创设。本来该风雨连廊只有遮雨的功能，经指导后该园在连廊顶部的玻璃上张贴了十二生肖的剪纸，这样的环境创设使得本来只有实用功能的连廊一下子被赋予了课程价值，而且是多元的价值：价值一，幼儿在来园、离园，以及在园生活学习时，可以通过这个风雨连廊习得光与影关系的相关经验；价值二，

图 1-1-17（1） 　　　　　　　　图 1-1-17（2）

十二生肖属于优秀传统文化，相信该园幼儿在日复一日的自然观察中，对十二生肖的顺序以及相关文化应较为熟悉；价值三，剪纸是一种民间传统工艺，这样的环创也利于幼儿感知民间传统工艺的艺术美。当然，在风雨连廊上所张贴的图案内容，还可以根据幼儿园实际需要而有所变化。比如，有的园所为了突显足球文化，在风雨连廊上张贴足球图案；有的为了彰显本土文化教育资源，张贴上当地的名胜古迹、历史人物等；有的为了渗透科学领域的相关经验，张贴上几何图形或日月星辰等有关内容的剪纸图案。

## 第二节　场地改造

　　场地改造指的是通过改变原有场地的性状，以改变原有场地的用途，或赋予原有场地更多元的价值，即使原有场地增值。场地改造应该是进行幼儿园户外场地空间设计时经常遇到的现实性工作，场地改造应遵循的根本原则便是增值性，即通过改造场地空间变得更实用、更好用与更多用。具体言之，场地改造还应遵循如下两大基本原则。

### 一、体现对场地空间样态的多样创设

　　很多幼儿园园舍在筹建期间，园方由于各种原因未能及时介入，导致在交付使用时才发现园内户外活动场地都是"一马平川"；有的场地本应作为

绿地，但却铺成了水泥地或处理成塑胶地，或是简单地栽种上低矮的灌木丛，成为一道道具有空间隔断功能的绿篱笆。因此，园方基于满足幼儿对多样性场地活动体验的需要，通常会对交付后的场地空间进行一定的改造。而改造的思路之一，便是将过于平坦的场地改造为具有多种地形的自然生态空间，以满足幼儿体验在不同地形中活动的需要。

图 1-2-1 是晋江市紫帽镇中心幼儿园原有的两块三角形的平坦草地。园中户外场地的地形地貌，除消防通道略呈长长的斜坡外，其他场地空间全是平坦之地。园方提出要将操场旁边这两块三角形的平坦草地进行微地形改造，改造后的效果见图 1-2-2。从图上可知，其中一块草地的微地形主要是浅丘、沟壑和山洞，并利用改造后的场地设置了拱桥、荡桥、滑索等设施，以满足幼儿钻、爬、跑、跳、平衡等运动的需要。而另一块三角形草地上则设置了

图 1-2-1（1） 　　　　　图 1-2-1（2）

图 1-2-2（1）

图 1-2-2（2）  图 1-2-2（3）

图 1-2-2（4）  图 1-2-2（5）

图 1-2-2（6）  图 1-2-2（7）

感官步道、小木屋,并利用墙面设置攀爬墙。改造后这两块场地空间呈有机互补关系,即后一个空间略偏向"静态"活动,主要供幼儿休憩、漫步或开展角色游戏等需要;而前一个场地则明显偏向"动态"活动。显然,改造后的这两块平坦草地达到了充分发挥其增值效益之目的。

图1-2-3为漳州市南靖县第二实验幼儿园场地改造前的原貌。该园户外有两块开阔平坦、呈长方形的草地和硬化地,园方要求将平坦的草地进行地形改造,以满足幼儿爬高爬低,以及利用改造后的地形开展相应游戏活动的需要。改造后的地形主要有三座小山丘,以及山丘间形成的小沟壑、环形壕沟,并利用其中一座比较大的山丘设置了一个"三通式"的山洞与房屋(进洞口分别有3个,房屋下方与山洞连接处为一个可以容纳七、八名幼儿的"地下室",并以垂直钻笼将"地下室"与"房屋"相连通)。房屋造型采用了体现在地文化的土楼建筑风格,自然地成为该园整个户外的焦点。(见图1-2-4)

整改前

图1-2-3(1)

整改前

图1-2-3(2)

图1-2-4(1)

图1-2-4(2)

图 1-2-4（3）

图 1-2-4（4）

图 1-2-4（5）

## 二、体现对场地空间价值的充分利用

幼儿园户外空间面积是一个有限的"常量",幼儿园户外空间再大,也不允许让它任性地空置,而是应积极地从儿童视角和课程意识出发加以合理利用。这个利用的思路通常是体现在对园所户外边角"空余场地"的盘活。因而,场地改造的思路之二,就是将没有必要存在的硬化地(水泥地或塑胶地板)"退硬为软",改造为草地,以增加园内户外绿地率;或是去除绿篱笆,将原来被绿篱笆阻隔的空间改造为可供幼儿活动的草地或种植园地等。

图 1-2-5 中,由低矮灌木丛所构成的绿篱笆这个空间,除绿化作用外,无法与幼儿进行其他方式的互动。这样空间的功能就显得过于单一,是空间变相空置浪费的典型表现。基于场地增值的改造思路,可直接去除原场地空间的绿篱笆,将场地改为草地与感官步道,并增加专供小班幼儿游戏的运动器械(当然,如果在该器械的中间设一出口,并将出口设置成滑梯,效果就

图 1-2-5　　　　　　　　　　　　　图 1-2-6

更好）。改造后在尽可能保留了原来绿化的同时，让该场地能与幼儿更友好、更合理地互动（见图 1-2-6）。

图 1-2-7 是漳州市南靖县第二实验幼儿园操场的一个夹角空间，这个边角空间原来除栽种树和灌木丛外，一直闲置。园方要求将这个场地空间改造为"树屋＋滑索"的游戏空间（见图 1-2-8）。

整改前

图 1-2-7

图 1-2-8（1）　　　　　　　　　图 1-2-8（2）

图 1-2-9 是泉州市温陵实验幼儿园呈斜坡状消防通道旁边的景观草地，这个场地空间只有开展环幼儿园慢跑时幼儿才会用到，其他大部分时间该场地都是闲置的。后来，园方基于尽量扩大幼儿运动游戏场地空间的考虑，在尽量保留原来绿地的前提下，增添了相应的运动器械设施。事实表明，改造后的空间成为幼儿喜欢的游戏天地（见图 1-2-10）。

图 1-2-9（2）

图 1-2-9（1）　　　　　　　　　图 1-2-9（3）

图 1-2-10（1）

图 1-2-10（2）

图 1-2-11 所显示的是晋江市灵水中心幼儿园同一个空间环境改造前后之对比。图片中的绿篱笆位于该园教学楼边。改造前该场地空间是一排紧挨墙壁的绿篱笆。这些绿篱笆与幼儿活动的空间存在着"交叉重叠"的问题，即绿篱笆斜长出来的枝丫与幼儿眼睛的高度相差无几，会给幼儿在该场地中活动的安全带来威胁；且绿篱笆紧挨着活动室、寝室，易滋生蚊虫。该环境的整改思路是将绿篱笆直接铲除，改造为幼儿园的种植园地，以"化零为整"的方式弥补该园种植园地严重不足的缺陷。改造后这一空间环境所蕴含的课程意义是显而易见的。

图 1-2-11（1） 　　　　　　　　图 1-2-11（2）

图 1-2-12 所示的空间环境改造思路与图 1-2-11 是一样的。图 1-2-12（1）所示的靠近栏杆围墙下近 40 米长的空间尽是绿篱笆。整改思路就是将这近 40 米长的场地空间规划成高秆植物种植区，用以栽种水稻、甘蔗、香蕉、玉米、小麦、向日葵等幼儿在房前屋后较难见到的高秆植物。整改后的空间环境，除可以带给幼儿关于多种高秆植物的感性经验外，还可以对环境起美化的作用，即将比较生硬的铁栏杆遮挡起来。

图 1-2-12（1） 　　　　　　　　图 1-2-12（2）

图 1-2-13 是泉州市温陵实验幼儿园对原来只有绿化功能的空间环境，所做的基于课程意义层面的相关改造。

第一章 空间规划与场地改造

33

　　改造前的空间环境，除草地外，挤占了大量场地空间的便是绿篱笆，而其实这些绿篱笆在一定程度上是阻挡了幼儿"亲近自然"的机会。从图上可知，改造后的空间成了幼儿在户外可以尽情涂鸦的乐园，其中显现出来的课程意义毋庸置疑是很好的。

图 1-2-13（1） 　　　　图 1-2-13（2） 　　　　图 1-2-13（3）

图 1-2-13（4） 　　　　图 1-2-13（5）

# 第二章 沙池与戏水池设计

## 第一节 沙池设计

在幼儿园户外空间设计中,沙池的设置属于标配项目。幼儿园设置户外沙池的目的,首先是满足幼儿在沙池中开展沙上建构游戏活动的需要。其次是在沙池中开展一些科学探索类游戏活动,如在沙池的围挡边上安装水龙头,便于幼儿玩沙河游戏,以感知沙的透水性,或感知干沙与湿沙的区别等。那么,在设计沙池方面应注意哪些事项?

### 一、沙池空间应有的面积与造型

如果沙池的首要价值是用来开展沙上建构游戏,那么沙池面积和造型设计就应先满足实用需求,再考虑造型上的美观要求。就沙池面积而言,在空间允许的前提下,最小应以能够容纳本园最大班额的班级幼儿活动为准,且人均最好能达到 2 平方米左右,能大则大,不嫌大;如果沙池空间果真能够占用较大面积,则可以规划出"海沙区"和"河沙区",让幼儿有机会去感受两种沙质的区别。

就沙池的造型来说,主张以规整开阔、便于全班幼儿在沙池中同时活动为宜,宜用圆形、正方形或椭圆形,切忌将之设计成狭窄的长条形,或是以各种理由将沙池弄得过于零碎。因为幼儿在沙池中所开展的活动,更多是属于建构游戏活动,而沙上建构活动,通常是以集体或小组方式开展的合作性大型建构活动,比如建构幼儿园、公园、动物园等;如果沙池的形状偏向圆形、正方形，那么就便于幼儿将大型建构作品置于沙池中央，而在建构作品的四周还可以留出供幼儿自由走动的公共通道空间。

图 2-1-1 所示两个案例，均是因过分追求造型而影响了实用性。图 2-1-1（1）所示的沙池，为了凸显脚丫的造型，直接导致了 5 个脚指头仅能为造型服务而已，大大削弱了在沙池中开展玩沙活动的功能。其实，完全可以作这样的处理，即只保留整个大脚丫造型的外轮廓，而将里面 5 个脚指头的隔断去掉。如此处理既可以保留造型上的追求，又不会人为地影响沙池的实用价值，即不会减少幼儿玩沙的实际空间。当然，如果这个脚丫造型的沙池能将脚掌部分再做得稍"胖"一点，就可以给幼儿更大的玩沙空间。而图 2-1-1（2）所示的沙池，其实实际面积并不是很充裕，纯属因追求"V"字造型，而破坏了实用功能。就图示的场地而言，将沙池拓宽到四周的路沿，即以路沿牙石为沙池的围挡边界，将"V"字造型周边的草地都处理成沙池，可能会更为合理。

图 2-1-1（1） 　　　　　　　图 2-1-1（2）

明确了沙池空间应有的面积与造型之后，在具体设计中还应注意几点。一是避免将幼儿园户外大型多功能器械"覆盖"在沙池上方。因为大型器械"覆盖"在沙池上方，免不了会使沙池中多出一些支撑立柱，而这些支撑立柱就在实际上将沙池切割成了若干个小空间，严重影响了沙池的实际可使用面积，大大削弱了沙池的课程价值。二是不宜将大型器械的滑梯出口设置在沙池之中。因为正常情况下，幼儿是穿着运动鞋在大型器械上活动的，幼儿从滑梯滑到沙池，鞋子难免会进沙，这会给幼儿的活动带来极大不便。三是在沙池设计时，应紧紧围绕幼儿利用沙这一材料可能开展何种活动来进行充分考虑。也就是说，幼儿来到沙池肯定是玩与沙相关的游戏，因而在沙池旁边附设攀爬墙等这样的设施，事实上其利用率是比较低的。（见图 2-1-2）

图 2-1-2（1）

图 2-1-2（2） 　　　　　　　　　图 2-1-2（3）

图 2-1-3 是同一场地空间中设计沙池与戏水池的两种思路。图 2-1-3（1）显然是强调造型的蜿蜒曲折之美，但从实际使用率角度来看，这样的设计明显是浪费了不少空间，如画圆圈部分的狭长沙池只是幼儿进入沙池的通道，无法让幼儿开展相应的建构活动；而戏水池狭长的空间本身就有可能导致活

图 2-1-3（1） 　　　　　　　　　图 2-1-3（2）

动拥挤的问题，再加上又架了一座小木桥使戏水池一分为二，不便于同在戏水池玩水的幼儿间交往。图 2-1-3（2）的设计则将沙池与戏水池分开，戏水池邻近塑胶地板的那条围边为斜坡，使得戏水池内外的场地是连通在一起的（无障碍通道，在戏水池没有水的情况下，幼儿可以在两个场地空间中自由活动）。图 2-1-3（2）中的沙池与戏水池使有限的场地空间得到了最大化利用，不存在明显的浪费现象，且沙池还可以利用围墙的两根柱子，通过架设钢管，让幼儿开展运沙、筛沙和升降沙包等游戏活动。

## 二、赋予沙池多元性的功能

幼儿在沙上活动通常是赤脚或穿上雨鞋，因而在沙池附近得设计相应的洗脚池。洗脚池设计应尽量开阔，至少能同时满足五六名幼儿洗脚的需要。当然，如果冲洗方式能多样化则更好，如水龙头造型不一样，或有的水龙头可以伸长等。在设计洗脚池时，需特别提醒的是，为防止洗脚池因泥沙沉积而导致下水道堵塞，建议应将洗脚池的水自然引流到沙池上，或引流到需要浇灌的草地上，即洗脚池的水不经下水道排出，如图 2-1-4 中泉州市刺桐幼儿园的做法。

> 沙池旁边洗脚池的池面高于沙面，这样的设计可以让洗脚池的水和少许沙子直接排进沙池，避免因排入下水管道，长此以往会给排水管道带来淤塞的危险。

图 2-1-4

幼儿在沙上游戏是需要一定的道具的，因而在沙池附近（最好是在进沙池的方向上）应设计一处至少可供一个班级幼儿放置玩具材料、鞋子以及休息的地方。如果沙池的日晒比较严重，还应考虑设计遮阳措施。如果遮阳设施是采用钢管支架结构，则可以考虑依托钢管支架设计筛沙、滑轮运沙、升降沙包（锻炼幼儿上臂力量）等玩法，如图 2-1-5 中晋江市紫帽镇中心幼儿园的做法。

图 2-1-5（1）

图 2-1-5（2）

图 2-1-5（3）

图 2-1-5（4）

如果沙池的围挡边足够长，建议围挡边的材质应尽可能多样化，如可以是大小不一的轮胎、木桩等；且应将平衡活动、数学经验等植入其中，比如用轮胎做围挡边，则可以将轮胎按一定数学规律排列，并赋予轮胎平衡木的功能。如果能够利用沙池较松软的沙来开展跳落活动，即利用沙池设置专门的"跳落区"，也是不错的创意。但供幼儿跳落的平台高度应不超过幼儿的身高，即应设置三种平台，符合小中大幼儿的身高。"孩子们不应该从超过他们身高的高度上往下跳（例如，如果一个孩子高 0.9 米，那就不应该让他从超过 0.9 米的高度上往下跳）。"[1] 当然，若能在沙池中间放置几块石头，石头底部没入沙中，露出沙面的部分又可以供幼儿爬上去游戏，则不仅野趣顿生，更具一定的景观之效[2]（见图 2-1-6）。

图 2-1-6

---

[1] ［美］弗朗西斯·M.卡尔森（Frances M.Carlson）著，柳倩、刘虹宇、段静瑞等译：《幼儿园打闹游戏：促进儿童在全身运动中学习与发展》，中国轻工业出版社，2023 年版，第 94 页
[2] 先锋空间主编：《儿童乐园设计手册》，中国林业出版社，2016 年版，第 154 页

## 第二节　戏水池设计

《规程》在"幼儿园的园舍、设备"中明确指出："幼儿园应当有与其规模相适应的户外活动场地，配备必要的游戏和体育活动设施，创造条件开辟沙地、水池、种植园地等，并根据幼儿活动的需要绿化、美化园地。"在《福建省示范性幼儿园评估标准（修订）》的附件《省级示范性幼儿园玩教具配备指导建议》中提出："水池贮水深度不得超过30厘米，水质标准应与生活饮用水相同，保持良好的流动性，定期换水。""沙水玩具材料数量应至少满足一个班幼儿同时使用。"虽然并不是所有省（市、区）对幼儿园设置戏水池都有硬性要求，如在《上海市幼儿园装备指南（试行）》中就没有应设置戏水池的要求，但应该说，在有条件的情况下，幼儿园还是应尽量创设可供幼儿戏水的场所。

### 一、考虑戏水池空间应有的面积与造型

戏水池空间面积应该与沙池一样，能满足一个班级幼儿同时活动。但在实际使用率上，戏水池是远远低于沙池的。这其中所涉及的原因可能是多方面的。原因一可能是如果水池常年储水，若安全教育与管理不到位，终究还是会存在一定的安全风险。二是水池的水质标准应与生活饮用水相同，即使采用了循环的措施也要定期换水，如果戏水池面积较大，长此以往，水费是一笔大开支。三是南方的冬天水是不结冰的，即使幼儿玩水时有必要的防水衣等装备，但毕竟水是冰冷的，活动频率不可能像玩沙那么高。因而，在对利用率相对低的戏水池进行设计时，应该充分考虑在没有储水的状态下，戏水池这一场地空间该如何充分而合理地利用。

就戏水池的造型设计而言，也应与沙池一样，是先实用后美观。不可因过分追求造型或其他因素，而影响了其实用性。

图2-2-1所呈现的戏水池，应该是在造型与功用上"双输"的离谱设计。事实证明，该戏水池的确因存在着实用性欠缺的问题，而直接导致几乎是处于一种"摆设"的状态。出现这么离谱的戏水池设计，原因应该是设计者不

理解幼儿园戏水池的功用，不晓得戏水池就是让幼儿"玩"的，是提供给幼儿，让幼儿在水中开心地玩、合作性地玩的专用活动场所，而不是让幼儿"看"的景观式水池。

图2-2-2所示的戏水池本身空间并不是很开阔，面积并不大，而架在戏水池上方的这座小木桥又人为地将之一分为二。显然，这座木桥的设计是不合理的。其实，若能将木桥的桥洞适当加高（将两端桥墩加高30厘米左右），桥两边池中的幼儿便可以从桥下自由通行。这既是还戏水池本应有的整体性，扩大了幼儿的活动空间；同时，桥上桥下都可通行、都有风景，对幼儿来讲也是一种体验，或许还能增加活动的趣味性。

图2-2-1

图2-2-2

## 二、考虑戏水池空间的实际利用率

在考虑戏水池充分而合理地利用这一方面，可以有两大思路。一是赋予戏水池多功能的设计，即戏水池在不储水的状态下，幼儿同样也可以充分利用这一场地空间进行其他活动。对此，建议将户外以水为载体的有关活动内容与相关设施，如水车、压水井、水渠、喷泉、水管墙等整合在戏水池之中，以提高戏水池这个场地空间的实际利用率。

图2-2-3所展示的是四川省成都市蒲江县南街幼儿园的戏水池，该戏水池上方架设了平衡桥设施，而下方池子不储水时，可以让幼儿玩"碰碰车"等游戏。

图 2-2-3

二是将戏水池空间与外围空间连成一体。比如，可以将戏水池的一条边做成与池外的平地相连接的斜坡，有了这个斜坡（斜坡应设计防滑措施），那么戏水池就有了与骑行区相整合的可能，即在不储水的情况下，幼儿可以将车骑行到戏水池之中，如图 2-2-4。或是如四川省成都市蒲江县南街幼儿园的做法，在水池中间设置相应的汀步石，即使在水池有水的情况下，幼儿也可以通过汀步石在水池这个空间中自由通行，见图 2-2-5。

图 2-2-4

图 2-2-5（1）　　　　　　　　图 2-2-5（2）

第二章　沙池与戏水池设计

当然，如果在设置汀步石的同时将喷泉的思路也考虑进去，即将汀步石的中间设计成喷泉的出水口，赋予戏水池喷泉的景观功能，也是一种具有增值性的不错的创意设计。

此外，在设计戏水池时，若能将进水方式设计成景观式，在确保实用的同时增强戏水池的观赏性与趣味性，也是不错的设计（见图 2-2-6）。同样的，如果在戏水池的围边上设计几个孔洞，直径大小不一（注意：孔洞直径要么是较大、幼儿小手可以自如进出的，要么是较小幼儿小手伸不进去的，万万不可设计成不大不小，否则会造成幼儿小手卡在孔洞里的风险），长短也不一，有的可以连通，有的不可连通，无疑是可大大增加幼儿在戏水池中的活动内容与趣味（见图 2-2-7）。

图 2-2-6

图 2-2-7

# 第三章  山洞、迷宫与树屋设计

## 第一节  山洞设计

在很多幼儿园的户外空间设计中，通常会设置让幼儿进行钻爬或洞穴体验的山洞。但山洞较为常见的是"一字形"，即一条三四米长的直管洞道，因为有的园所没有考虑到排积水的问题（应将直管洞道朝一端稍微倾斜，便于水流出），导致雨天洞道积水，再加上洞道直径不便于成人及时清理，故洞道时常因积水或积淀沙土等而无法使用，成为一种摆设。那么，山洞到底该如何设计呢？

### 一、应充分考虑好山洞的造型问题

有的园所可能是因受到空间制约的缘故，或者是没有充分考虑造型的视觉效果，将山洞设计得类似"墓洞"，视觉效果令人极为不适，如图3-1-1。

对于图3-1-1的山洞造型，建议借助轮胎或其他辅助材料来加以美化，以尽量淡化"墓洞"之感，如可以用轮胎将洞口处理成喇叭状并将轮胎堆成斜坡，或是将游戏小木屋直接设置在洞口处，让小木屋的后部与洞口连通，等等。

第三章 山洞、迷宫与树屋设计

图 3-1-1

　　山洞造型设计的总体思路应因地制宜，体现实用、好玩有趣。造型与规模要么小巧精致，要么大气。

　　图 3-1-2 是泉州市丰泽区爱儿堡幼儿园的山洞，该山洞造型小巧精致、洞径与洞口设计合理，较大的洞径既可供幼儿钻爬、弯腰前行，也便于教师及时做好卫生清洁工作；喇叭状的洞口则使得山坡的面积在有限的空间里得以最大化。当然，如果山洞的另一个洞口能采用鹅卵石等堆砌成墙体，使得两个洞口尽管造型一样，但材质有异，就更有助于幼儿获得多元的经验，更能淋漓尽致地诠释"有限空间尽可能带给幼儿多元而有益的学习经验"这一环创理念；再有，若能将部分围挡土坡的路沿牙石换成轮胎材质，还可以将

图 3-1-2

轮胎按一定规律进行排列，使其蕴含数学的模式经验，也可以赋予轮胎路沿"平衡木"的运动功能。

图3-1-3是泉州市泉港区实验幼儿园的微型山洞。山洞上面加盖了一座可以瞭望的小木屋；洞道（水泥管）略略倾斜，可避免下雨时积水；洞口两个屋檐设计，既可增强洞穴体验感，又可较好地避免类似"墓洞口"的视觉效果。

图3-1-3（1） 　　　　　　　　图3-1-3（2）

图3-1-3（3） 　　　　　　　　图3-1-3（4）

## 二、倡导以山洞为依托的综合游戏场设计思路

图3-1-4所示为南安市厚德中心幼儿园以山洞为依托的游戏场。该园改变了幼儿园在设计山洞时的常见做法——停留在简易的"一"字形、缺乏情境创设且洞径偏小不便于清理等，而将山洞设计成了立式的"T"字形，即山洞有4个洞口，其中贴近地面有3个，垂直朝上有一个，如图3-1-4（2）；

第三章　山洞、迷宫与树屋设计

且山洞洞径达 110 厘米，便于成人入内打扫卫生或检查活动器械；在 3 条洞道上方均设置具有采光功能的钢化玻璃观察口，如图 3-1-4（3）；山洞的中部是一个可供七八名幼儿活动的空间，幼儿可以在这个空间里做游戏或休息，也可以从这里沿着爬网向上攀爬到山洞之上的平台，再从山坡上滑下来……该山洞正是尽量立足于儿童立场来进行设计，从而使得这个以"山洞"为依托的游戏场，成为该园的"网红"打卡点，深受幼儿喜欢。

图 3-1-4（1）

图 3-1-4（2） 　　　　　　　　图 3-1-4（3）

图 3-1-5 为泉州市永春县世哲幼儿园以山洞为依托的综合游戏场。前方土堆下面的两个简易山洞，与大多数幼儿园中常见的山洞无异，但土堆面积摊得相对比较开，不会让人一下子联想到"墓洞"造型；紧挨着前二者的那个山洞共有 3 个洞口，其中贴近地面的有两个，进入这两个洞口后有一个可以容纳五六人的洞穴空间，与洞穴空间相连接的是垂直的钻笼（第 3 个洞口），

幼儿可以沿着垂直的钻笼攀爬到洞顶平板屋面（到达洞顶平板屋面还有另外两种方式，即直接通过爬网或沿着土坡爬上去，在另一侧的围栏上有一个可进出的开口；到达洞顶平板屋面后，可以通过拱形木板桥到达依托大树而构造的两层树屋平台（同样，树屋也可以从另一侧的钻笼攀爬到达）；到达树屋平台后可分别通过一层的敞式滑梯和二层的半透明筒式滑梯下来。

图 3-1-5（1）

图 3-1-5（2）

图 3-1-5（3）

第三章　山洞、迷宫与树屋设计

图 3-1-5（4）

图 3-1-5（5）

图 3-1-5（6）

图 3-1-5（7）

图 3-1-6 为某幼儿园利用主体建筑与外围墙的夹角空间设计的以山洞为依托的草地与山坡地结合的游戏活动空间。图 3-1-6（1）左上方为这个夹角空间的入口，左边摆放的一排三角梅为主体建筑墙面。

图 3-1-6（1）

图 3-1-6（2）

图 3-1-6（3）

## 第二节　迷宫设计

早些年，幼儿园的户外空间设计中经常会出现迷宫这样的游戏空间，迷宫有绿篱笆型、木桩型、水泥砖型等。但因为这种迷宫造型固定、玩法单一，很快就成为一种占用场地空间的摆设而被摒弃。取而代之的是自制的可变换的纸箱迷宫，或是市场上出售的可拆卸、可组合的所谓"百变"迷宫。幼儿是爱玩捉迷藏游戏的，也喜欢玩迷宫游戏。那么，如何做好迷宫场地的设计工作？

### 一、迷宫设计新思路

如果幼儿园的场地空间允许，还是可以设计升级版迷宫的。所谓的升级版迷宫，指的是以本身具有多玩性的迷宫为载体而构建的综合游戏场地，通过对传统迷宫的功能进行升级，让迷宫更好玩、玩法更多。现就如何对传统迷宫进行升级改造，提出三大设计思路。

思路一是改变传统迷宫的通道直接设置在地面上的做法。可以将迷宫设计成"坑道（地道）式"或"壕沟式"，或"传统式+坑道（地道）式"或"战壕式"（有些部分高出地面，有些部分则低于地面）。同时，在迷宫墙的材质上，也可以采用混搭多元的风格，比如有的空间是采用木桩做迷宫墙，有的是采用水泥砖墙等；即使是水泥砖墙，也可以有些是光面的砖墙，有些是糙面的空心砖墙，又或是水泥砂浆光面墙等。

需要特别注意的是，迷宫本身就应带有躲藏的功能，故不管是传统迷宫还是"坑道(地道)式"或"壕沟式"的迷宫，迷宫的墙高应不低于130厘米(《3-6岁儿童学习与发展指南》中指出，5-6岁男孩正常身高是106.1-125.8厘米)，如果低于幼儿身高就失去了躲藏的功能。

二是采用"传统迷宫功能+"这种赋能增值思路。具言之：①迷宫通道路面可结合感官步道，或是通道路面有微小起伏等变化；②迷宫墙面可镶嵌能上锁的盒子，供幼儿开展寻宝游戏（数学活动）；③迷宫墙面可有若干形状、高低不一的观察小洞口；④迷宫外围墙面可有大小不一的"洞穴"，能让幼儿直接躲藏进去；⑤迷宫通道可以有的地方装上360度回弹式双开木门，有的地方装上有木栓的双开木门，有的地方装上固定的木门（表示此路不通）；⑥迷宫通道可直接使用大口径的水泥管，或有些部分通道的上方是有"屋顶"的；⑦迷宫通道比较开阔的拐角处可安装哈哈镜或凸面镜；⑧在大型迷宫（迷宫由前半部分和后半部分构成，前半部分简单一些，供小班玩；后半部分复杂一些，供中、大班玩）的中间处，可以设计一个1.8米高的圆形平台，圆形平台的四周是休憩区，从迷宫外进来也可以到达这个圆形平台，即这个圆形平台是连通迷宫内外的设施；同时这个圆形平台也可以被视为一个小中型多功能器械，幼儿攀爬到该平台上后可以眺望正在迷宫里游戏的幼儿，同样，在迷宫里游戏的幼儿也可以看到圆形平台上的幼儿，即各有精彩、互为"风景"。

思路三是场地空间"一物多用"。即迷宫这样的场地空间，当其不作为迷宫使用时还可以当作其他的活动空间，比如可以特地加宽某一处通道空间，将加宽后的迷宫通道墙面作为幼儿涂鸦墙或户外声音探索墙等。

## 二、迷宫设计新思路范例

图3-2-1是某幼儿园迷宫设计效果图。该迷宫位于建筑楼与围墙之间一个呈长方形的场地上，设计成下沉式的迷宫，即坑道式迷宫（因受实际地形条件限制，只能将迷宫墙的高度下沉60厘米）。从图3-2-1（1）可知，该迷宫分为两部分，迷宫入口处（图中右侧）至中间转场器械这部分迷宫相对简单，

这是为小班幼儿设计的；而从转场器械开始的后半部分玩法则相对比较复杂，包括开锁游戏等，这是为中、大班幼儿设计的。迷宫通道路面结合了感官步道的设计，通道还结合了简易攀爬木板以及走木板台阶。图中"超薄的"迷宫墙面，其实就是木制门板（有的木门是幼儿在游戏中可以打开的，有的则不能打开）。

图 3-2-1（1）

图 3-2-1（2）

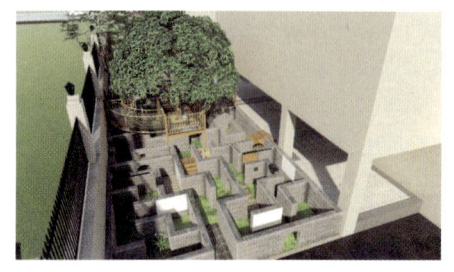

图 3-2-1（3）

从图 3-2-1（2）可以看出，洞道围墙有的设计了轮胎绿植，为整个迷宫增加一点绿意与美化；迷宫中间的转场器械，既可以通过楼梯上到方形平台，也可以通过比较难的攀爬架到达；迷宫墙上的"小方框"洞口，有一部分是预留来装盒子用，有的则是观察口；有一处通道设置了躲藏功能，并装置了潜望镜。据图 3-2-1（3）所示，建筑楼一层地面与迷宫的连接方式有两种。一是通过荡桥到达转场器械平台，再由平台到达迷宫通道。二是通过一个木板楼梯连接在一起，

图 3-2-1（4）

由木板楼梯直接到达迷宫通道；木板台阶下方是个"钻洞"，幼儿在玩迷宫游戏时可以直接通行。

## 第三节　树屋设计

这里的"树屋"，指的是利用已有的绿化树这一载体而设计的相关游戏活动空间。在幼儿园户外活动空间的设计中，常常会结合园内材质比较坚硬的粗壮大树设计出相应的树屋，以供幼儿开展爬树，或近距离观察树干、树叶，或从高处眺望等活动，同时也满足幼儿体验树屋生活的需要。幼儿身上所具有的远古人类曾在树上生活的基因，决定了他们对树屋有一种发自内心的喜爱。

在幼儿园户外空间的树屋设计中，应着重遵循如下三大原则。

### 一、与树友好原则

所谓与树友好原则，指的是不能对树木造成人为伤害。见图 3-3-1 中的做法，将平板木条与原有树木"无缝对接"，拼搭的木板直接将树干紧紧包裹起来而没有预留出树干生长所需的必要空间，这种做法会影响到树木日后的生长，显然是一种目光比较短浅的做法。与树友好原则，应该是树屋设计中应遵循的首要原则。

图 3-3-1

那么该如何处理平台木板与树干的关系？其实完全可以采用绳网的方式，将平面木板与树干有机连接起来，如图 3-3-2。连接的绳网可以为树木日后的生长预留足够的空间，同时，如果绳网是孔洞细小、便于幼儿直接站在其上的，则还可以增加幼儿活动的乐趣。

图 3-3-2

## 二、凸显爬树功能原则

树木所独具的活动价值，便是爬树。爬树是一种利于锻炼幼儿身体协调以及上下肢力量的运动方式。爬树价值，这是在树屋设计中应加以特别强调的原则。

图 3-3-3 这个案例存在的最大问题，便是没有将树木所独具的爬树价值突显出来，且存在着功能单一的现象。这种简单地将树"包"起来的做法，说明设计者对如此粗壮的榕树的课程价值是不了解的，严重缺乏应有的课程意识。

稍加分析便可知，这棵粗壮的榕树所潜在的课程价值至少有：①可以用来爬树（架梯子、系绳梯或绳子）、荡秋千，即体育运动的价值；②直接利用那么大的树冠所形成的树荫，并简单地在树根部分围上一圈可以坐的"矮柜"

图 3-3-3

（柜里可放一些简易玩具材料，柜门外开），让幼儿开展户外游戏活动，即游戏活动的价值；③科学领域的观察树根活动和测量活动，或美术领域的大班写生活动，或语言领域的户外情境讲述等。以上所分析的是"课程资源"（粗壮的榕树）与幼儿间潜在的"互动关系"，找到"关系"就找到"课程"，"课程"在"关系"之中，教师要善于在关系中找课程、在关系中促发展。

而该案例将这棵大树"一包了事"，使树的课程价值几近丧失殆尽。其实，可以在原有设计的基础上，在栏杆所包围的平台中预留出一个供幼儿爬树的空间，从而将树的最大课程价值彰显出来；如果再能将架空的木板平台稍抬高 30 厘米左右，在木板下方稍加平整处理，便可在架空的木板底下形成一个游戏空间；当然，如果还能在架空的平面木板四周镶嵌一些几何形状的钢化玻璃，形成平面木板上下都有一番风景，那就更具满满的童趣。

而图 3-3-4 所展示的泉州市丰泽区实验幼儿园的树屋设计，就能较好地将树的攀爬功能与平台有机结合起来，共同形成一个有多种功能的树屋。该树屋正面朝向幼儿园大门，平台的围栏上写有"欢迎您"字样，兼有宣传功能。

图 3-3-4（1）

图 3-3-4（2）

图 3-3-4（3）

## 三、环境和谐原则

有的幼儿园因办园历史悠久或其他原因，园内拥有古树，而这种古树往往是被纳入园林保护范畴的，因而原则上就不宜将树屋直接架在树干上。此外，由于古树树龄长，其长势造型本身往往就自带一定的景观性质，如果要依托这样的古树设计相应的树屋，让幼儿有机会近距离登高观察古树的树干、树枝、树冠，那么在设计时就应考虑树屋与古树周边环境的和谐问题，让所设计的器械的颜色、造型与具有景观性质的古树相得益彰。

图3-3-5中的设计，只是简单地将大树作为背景处理而已。这座大型器械没有很好地与古树融为一体，即没有很好地体现出"合二为一，浑然一体"的效果，器械的材质、颜色与古树存在明显的违和感。

图 3-3-5

# 第四章 种养区与其他活动空间设计

## 第一节 种养区设计

种养区包括种植区和饲养区，其中种植区的设置是幼儿园户外空间的标配，而饲养区则未有硬性要求。《上海市幼儿园装备指南（试行）》的"户外场地装备要求"规定："户外应设置种植区。（1）种植区大小应满足半个班级幼儿同时使用的需要。（2）种植区附近宜设置水源。"《福建省示范性幼儿园评估标准（修订）》在"园舍环境"中明确提出要因地制宜创设种植园地。而在《江苏省优质幼儿园评估标准及评估细则（修订版）》和《山东省幼儿园基本办园条件标准（试行）》（山东省教育厅 2010 年 7 月发布）中则均有提出设置种植园地（角）、饲养场（角、区）的要求。

### 一、种植区设计的基本要求

幼儿园户外种植区的设置，既可以是集中式且规模化的"快乐小农场"（这种"快乐小农场"通常是既有种植区，也有饲养区），也可以是分散式的种植角（这种种植角显然是因园所户外空间有限而将边角空间加以充分利用，盘活成种植场地）。

种植园地设计应尽量考虑如下事项：①尽量确保每个班级都有一小块种植园地，即班级基本种植区。②种植园地的小路的宽度，最好能足以让两个幼儿并肩行走，以利于幼儿劳作与观察。③种植园地的旁边应设计一处收纳空间，以便就近存放劳动工具、幼儿做种植观察记录所用的纸笔材料，以及

第四章　种养区与其他活动空间设计

介绍和展示幼儿所参与的种植管理情况和所栽种植物的相关资料图片，如图 4-1-1 所示的班级种植区综合箱。这个综合箱的侧面可以贴上所属班级名称（班牌）；箱子里面分成两格，分别放置记录用的纸、笔，以及所栽种植物的种子或图片；箱子的高度适合于幼儿直接将记录本放在上面进行记录（小、中、大三个年龄班的箱子高度不一样）。

这个箱子顶部的长方形平面可以让幼儿直接将记录本放在上面进行记录。

这个集贴班牌、放观察记录本和笔、放置所栽种的植物的种子或图片为一体的种植箱，高度差不多到孩子肚子偏上一点的位置（就是孩子站着可以写字的高度）。

这个柜板门是透明的，可以往上翻，上方和左右两侧贴有防水修边条，防止雨水流进箱子里。

图 4-1-1

如果园所种植园地是属于规模化的"快乐小农场"（如图 4-1-2 中某幼儿园平面规划图所示的"快乐小农场"），除应尽量与饲养区合并在一起，让"快乐小农场"呈现应有的生态意蕴外，建议可以对种植园地的场地划分做如下的考虑：①设置班级基本种植区，栽种一些常见的蔬菜和爬藤类植物，如青菜、包菜、花菜和丝瓜、四季豆等（也可以将各年龄段班级种植区设计成有层次感的"梯田式"）。②设置高秆植物种植区，如玉米、甘蔗、向日葵、小麦、香蕉、水稻等（由中、大班负责日常管理）。③设计水培植物区、沙土植物区、棚架植物区等。④开辟专供开展科学实验用的种植试验区，比如对比不同土壤、不同日照等条件下同一种植物的生长状态。有的园所为了让幼儿直观感受花朵经蜜蜂传粉后才能结果的种植经验，特地在同一个场地空间设计了辣椒种植的两种不同场景，一种是属于自然生长状态，另一种则用一个透明的大棚将辣椒罩住（蜜蜂飞不进去）。⑤在"快乐小农场"中的合适地方规划"种子博物馆/区"，放置各种各样的种子（用透明玻璃罐子装），或是晒干的瓜

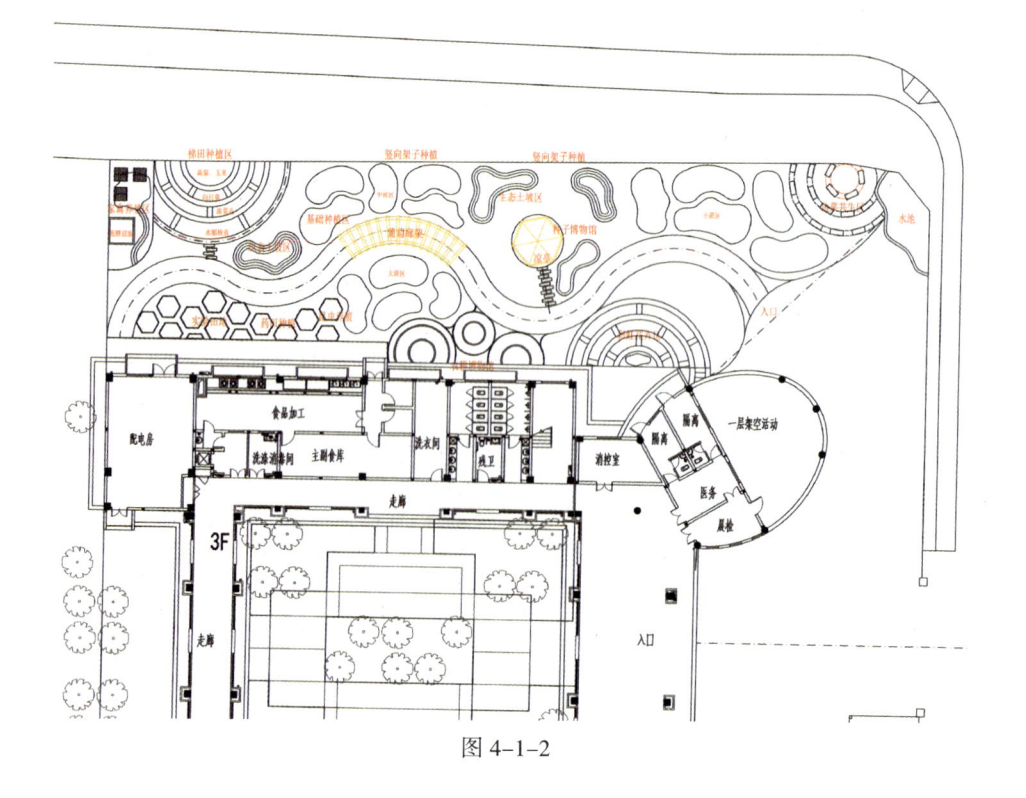

图 4-1-2

果瓢，让幼儿感受植物生命的轮回。⑥如条件允许，也可以在"快乐小农场"中的合适地方规划"农耕文化体验馆"。⑦可以在"快乐小农场"中规划小果园，栽种各种各样的果树，并开辟有绿荫小道。

图4-1-3为漳州市南靖县第二实验幼儿园的种植区。该种植区空间面积较大，在满足班级基本种植的前提下，还专门设置了高秆植物和棚架植物种植区；种植区中央设置有土楼建筑风格的多功能屋子，该屋子既是种植工具存放区、种子博物区，也是幼儿临时休憩区。

图4-1-3（1）  　　　　　　　　图4-1-3（2）

## 二、饲养区设计的基本要求

饲养区设计应尽量考虑如下事项：①饲养区的位置选择。一般是设置在园所边缘区域或者边角落，最好是位于建筑下风方向；当然，也要考虑与周边邻居关系的处理。②饲养区设计应体现动物伦理理念。饲养的笼子应该足够大，以便动物能自由活动；有相应的遮挡物，让动物能够在风雨等坏天气条件下"安居"。③饲养区的设计要便于幼儿给小动物喂水喂食，以及对小动物的生活习性进行观察。④要在饲养区的合适位置上，以图文并茂的方式介绍所饲养动物的适宜食物，以防止幼儿由于好奇等原因乱投食。⑤建议饲养当地常见的家禽、家畜等幼儿较为熟悉且易于管理的小动物，如鸡、鸭、鹅、兔、鸟等（如图4-1-4，由晋江市紫帽镇中心幼儿园提供）。⑥建议饲养区的日常饲养与保洁工作主要由门卫保安负责，幼儿主要以适当的方式进行"具有课程价值层面"的参与。

图 4-1-4

图 4-1-5 是晋江市灵水中心幼儿园的饲养区（设置在户外操场的一个角落处）。该园的柯园长在提供这两张照片的同时，还附了如下一段话：

羊圈在建设初期，一些有经验的教职工建议说，小羊是跳高能手，应该要将羊拴住。但考虑到将羊拴住，小羊便无法很自由地活动，基于动物伦理考量，我们最终决定采取放养的方式，并在羊圈的外围加做了便于幼儿与小羊互动的隔栅型栏杆。隔栅型栏杆随着羊的生长而不断加高，刚开始养的是小羊，隔栅型栏杆比较矮，后来小羊长大了，曾跳出来过两三次，就对其进行整改加高，目前这个隔栅型栏杆是第三次整改后的。羊圈中小羊的"寝室"，墙的下半部分采用了钢化玻璃，以便于幼儿们进行日常观察。幼儿们可以通过隔栅给羊喂草，每次老师和小朋友们一到羊圈外面，"小都""贝贝"（小朋友们给两只小羊取的名字）就会过来跟人互动，咩咩咩地叫着，小朋友们也

图 4-1-5（1） 　　　　　　　　　　图 4-1-5（2）

第四章 种养区与其他活动空间设计

会很高兴地用各种调皮的方式与小羊互动……这两只小羊养了一年多，跟大家相处融洽，俨然是幼儿园中的一份子。

## 第二节 其他活动空间设计

除了前面所介绍的户外活动区，幼儿园户外空间设计通常还会设置低结构材料游戏区、涂鸦区、骑行区、声音探索区、跳落区、球类场、投掷区、摸高区等。

### 一、低结构材料游戏区

低结构材料游戏区，通常是设置在幼儿园平时用于全园升旗等集会活动的、比较平坦开阔的户外游戏场（俗称"操场"）上，让幼儿利用木梯子（丁字梯）、长木板、轮胎、滚筒、跳箱、软垫等一些低结构材料，根据需要自主组合创设相应的场景来开展游戏活动，如图 4-2-1 中漳州市南靖县实验幼儿园的低结构材料区。

图 4-2-1

在设计低结构材料游戏区时，通常需要设置便于幼儿取放（一般是沿墙壁呈一字形摆开，见图 4-2-2）、能尽量就近开展活动的储物柜子。如果储物柜有柜门，最好在柜门板上设计相应的"观察窗"（见图 4-2-3），便于幼儿从外部直接看清楚储物柜里面所放置的材料，或是在柜门板上贴上所放置材料的图文并茂的标志。

图 4-2-2　　　　　　　　　　图 4-2-3

## 二、涂鸦区

涂鸦区也是幼儿园户外活动空间的标配项目之一。涂鸦区要尽量让活动方式多样化，如可依托墙面设计"竖面涂鸦"（粉笔、颜料涂鸦），也可以利用硬化且未占用通行的消防专用通道开展"路面涂鸦"，或是放置木头、轮胎、

图 4-2-4（1）

第四章　种养区与其他活动空间设计

石头、雨伞等废旧物件进行立体涂鸦，如图4-2-4（由晋江市紫帽镇中心幼儿园提供）和图4-2-5（由南安市第一幼儿园提供）。如果是依托墙面而设计的涂鸦墙，可以在墙下方设计幼儿垫脚踏板（板面宽度不少于50厘米，防止幼儿转身因空间不够而踩空摔倒），同时也可以用于放置各种颜料、画笔等工具，如图4-2-6（由泉州市德化县第三实验幼儿园提供）。涂鸦的清洗设备最好是采用便于冲洗的喷枪水龙头，如图4-2-7(由南安市国专第一幼儿园提供)。

图 4-2-4（2） 　　　　　　图 4-2-4（3）

图 4-2-5 　　　　　　图 4-2-6

图 4-2-7

## 三、骑行区

骑行区的设计，切忌将之单独规划在"人烟罕迹"的某个单独角落，也就是说，在那个相对独立的骑行区活动的只有参与骑行的几名幼儿而已。最好是将骑行区设置在与其他活动区域相邻近的地方，因为幼儿是喜欢边骑行边看"周边风景"的。骑行区未必需要事先在路面上画好"交通路线图"，在某个场地空间，只要不影响他人活动便可自由骑行。

为增强骑行的挑战性和趣味性，可以增加木板斜坡、用大的纸箱创设"隧道"（如图4-2-8，由泉州市永春县世哲幼儿园提供），或用韩国蹲加木棍创设"宽窄通道"等骑行情境（如图4-2-9，由泉州市永春县仓满幼儿园提供）。有的骑行区还可以跟微型箱式种植相结合，平时将用于绿化与美化的箱式花卉靠墙摆放（种植箱底部安装万向轮，每个种植箱侧边标上数字编号和苹果、太阳等简单图案，种植箱所摆放的墙壁位置也标上相应的数字和简单图案，以便"对号入座"将箱子沿墙壁摆放整齐），在进行骑行活动时，幼儿可以将这些箱式花卉推出来（箱子的重量与大小要考虑到幼儿上臂推动的能力），根据自己骑行游戏的需要创设相应的骑行通道与场景。

图 4-2-8（1）

图 4-2-8（2）

图 4-2-8（3）

第四章　种养区与其他活动空间设计　　67

图 4-2-9

## 四、跳落区

在柳倩等人撰文所提出的"幼儿园体育运动伤害事故的风险防范措施"中，有一条是"开展缓冲落地动作学习，提升学前儿童身体控制能力和元认知"，文中认为："由受损部位统计可知，损伤发生率最高的部位为肘关节。除去幼儿易发生骨折的生理特点外，损伤的发生一方面与运动环境的缓冲保护不够有关，另一方面也与学前儿童缺乏落地缓冲运动经验、落地缓冲的姿势不当有关。……加强幼儿在缓冲落地的控制能力，可以从培养幼儿主动缓冲落地意识，加强落地缓冲动作要领学习以及锻炼幼儿核心力量等方面展开。"[1] 因而，合理设计跳落区，以供幼儿练习跳落动作，应引起大家的重视。

跳落区可以考虑跟松软的沙池结合起来，即在沙池边沿设置与幼儿身高大致一致的木板平台，让幼儿从木板平台直接跳落到松软的沙池中。在《幼

---

[1] 柳倩、宁瑶瑶、王凡等：《幼儿园体育运动伤害事故的特征及风险防范研究——基于对 227 份裁判文书的分析》，载《中国教育学刊》，2023 年第 12 期，第 74 页

儿园打闹游戏：促进儿童在全身运动中学习与发展》中指出："孩子们不应该从超过他们身高的高度上往下跳（例如，如果一个孩子高 0.9 米，那就不应该让他从超过 0.9 米的高度上往下跳）。"[1]

## 五、声音探索区

声音探索区宜结合围墙边设置，供幼儿敲击的可以是市场上销售的现成各种乐器，也可以是各种金属制品或其他物品，如锅、盆、铁罐、塑料水桶等，将它们设置在一面木板墙上。图 4-2-10 为泉州市德化县第三实验幼儿园的声音探索区设施。

图 4-2-10（1）

图 4-2-10（2）

---

[1]（美）弗朗西斯·M.卡尔森著,柳倩,等译《幼儿园打闹游戏——促进儿童在全身运动中学习与发展》,中国轻工业出版社，2023 年版，第 94 页

## 六、其他活动区

摸高区和跳绳区的地板都应该是软地。跳绳区最好设计在升旗台这一空间里（假如升旗台面积比较大的话，因为跳绳活动需要相对独立的空间，不然绳子甩动时容易绊到其他幼儿）。

有的园所会设计足球场，足球场最好设计在有自然围挡的场地空间上，如果将之设计在开阔的场地上，幼儿踢球时就需要人工围挡，使用起来极为不便。

投掷和拍球区，其中拍球区需要硬化地板。而投掷区，如果是用于投篮的话，可以考虑将篮球框直接安装在墙面上，也可以使用其他可移动的篮球架，如图 4-2-11。

图 4-2-11（1）

图 4-2-11（2）

# 第五章 多功能器械设计

## 第一节 多功能器械设计概述

确实有不少幼儿园存在着将大型器械设置在幼儿方便开展活动的"好用的"场地空间的问题。有的幼儿园为了突显自己拥有这样的大型器械，特地将之放置在很显眼的空间，甚至是放置于场地的"C位"。正如SUNGLORY在《奕阳幼教评论》第39期《如何合理设计幼儿园空间》一文中所指出的："在很多传统的幼儿园，大型游乐设施往往被放置在正门附近或者大型活动场地的正中位置，这样一来，孩子们不得不围绕着游乐设施转来转去。这种游乐设施就像广场上的大型纪念碑，宣扬着自己的主权和主导地位，使幼儿不得不按照它的固有形式运作。"此外，也有不少园所所设置的大型器械功能过于单一，比如就是楼梯、爬网、滑梯，再加上平台而已。应该说，大型器械在实际设计与设置上确实存在这两大问题，而这也就引起了大家关于是否设置大型器械的争议。那么，对于主张设置大型器械的园所而言，在设计与设置大型器械上应遵循哪些基本要求呢？

大型多功能器械设计的底线要求便是安全至上。在《上海市幼儿园装备指南（试行）》在"户外应设置运动器械活动区，配备运动器械"这一部分中指出："（1）组合器械与组合器械之间的距离不得小于3.00 m。（2）超过30.00 cm跌落高度的器械下应设保护层。保护层厚度应在2.50 cm以上，并随跌落高度上升相应增加。（3）设置秋千的，每个秋千架上不得超过2个秋千座椅。秋千架与其他运动器械一起安装时，两者间应增加 1.50 m 的环形区域或安装隔离装置。（4）组合器械旁应设置'安全使用'标识及说明。"《福建省示范性幼儿园评估标准（修订）》在附件《省级示范性幼儿园玩教具配备指导建议》中指出："大型器械的配备应适合幼儿的身高和活动能力，滑梯一般不高于 2 米，攀登架、爬网、云梯等一般不高于 1.8 米。严禁使用全封闭不透明管道（或管筒）"，"大型器械设备必须安装牢固、无松动倾斜，稳固支柱的水泥或铁质基座应置于软性地面之下；其下方底部及四周边缘向外延伸 1.8 米（器械间为 3 米）的区域应铺设厚度适宜、无毒无害的弹性松软材料。大型器械应有专人负责，定期检修维护"。此外，在设计大型多功能器械时应遵循如下基本要求。

1. 场地规划应体现合理又"增值"的理念

日本的前桥明教授所提出的"户外场地设计的七个要点"[1]，其中有一点是这样说的：综合运动器材和大型运动器材，宜设置在离活动室较远的位置。其理由：综合运动器材和大型运动器材本身需要比较大的空间，设在离活动室远的地方，就很有可能是靠近围墙，可节约户外活动空间；综合运动器材和大型运动器材应该是幼儿比较感兴趣的，活动时间一到，大家争先恐后地跑向综合运动器材和大型运动器材，跑的过程，其实可以视为活动前的自然暖身活动。这一观点是值得学习与借鉴的。

除应将大型器械设置在离活动室较远的场地上外，综合运动器材和大型运动器材还应设置在不占"好用的"场地空间处，即宜将综合运动器材和大型运动器材规划在"不好用的"场地空间，如建筑楼房与围墙之间有一定的宽度（能放置大型器械并便于幼儿活动）但相对比较狭长的场地，或是靠近围墙的三角地带等，通过借助好玩的大型器械将"不好用的"空间盘活起来。

图 5-1-1 为晋江市紫帽镇中心幼儿园大型多功能器械所设置的场地空间。因为有了这个好玩的大型多功能器械，使得这个原本幼儿较少光顾的场地，变成深受幼儿喜欢的"网红打卡地"，不少幼儿都喜欢到这个大型多功能器械上面游戏。

---

[1] 前桥明著，北京绿树体育译：《幼儿体育与健康——让孩子运动、心动、感动》，大学教育出版株式会社，2018 年版，第 222—225 页

图 5-1-1（1）

图 5-1-1（2）

图 5-1-1（3）

图 5-1-1（4）

图 5-1-2 中两座楼舍之间画着两条直线的场地空间，是某幼儿园原来规划设置大型器械的位置，后来考虑到这个场地空间是该园难得"好用的"地方，既有草坪又日晒比较少，如果将大型器械规划在这里，不仅违背了应设置在离活动室比较远的空间这一原则，而且大型器械必然会使本来并不开阔的空间变得拥挤不堪，这样一来，大型器械的设置未能给场地空间起加分效果，反而是减分，肯定是不明智的。后来该园将大型多功能器械沿着操场围墙设置，尽量不占用"好用的"空间；又考虑到此处紧挨小区高楼，所以加盖了防高空抛物的钢化玻璃顶棚。

图 5-1-2

图 5-1-3 所示案例，是泉州市永春县实验幼儿园借助大型器械，成功地将三个不同楼层的平台连接为一个互通的整体。通过这座大型多功能器械，二、三楼的幼儿可以直接快速到达一楼的场地空间。

图 5-1-3（1） 　　　　　　　　　图 5-1-3（2）

图 5-1-3（3）

### 2. 器械设计要体现"实用多玩、好玩有趣"的理念

器械功能设计应尽量避免传统游乐设施功能单一的问题，即通常只是将楼梯、滑梯、爬网、钻笼、平台等几个元素作简单的组合；而应将整座器械视为一个单位空间，在保留适当留白的前提下，秉持"有限空间尽可能带给幼儿多元经验"这一设计理念，赋予整座器械尽可能多的功能用途，并在此基础上增强整座器械的趣味性、挑战性与美观性。就活动方式多样性而言，比如让幼儿上到一个离地约1.8米高的平台，那么上到这一平台的方式就尽可能要有"难中易"三种以上的方式（见图5-1-4）。同理，如果在某空间设置了三个秋千，那么，这三个秋千在材质、造型、颜色、玩法等上也应尽量体现多样性。

图 5-1-4

第五章　多功能器械设计

图 5-1-5 所示案例，在单位的平台空间有镶嵌了各种几何图形的玻璃栈道、有荡桥、有平坦的木板路面，旁边的护栏有可以转动的珠子、有连接上下空间的传声筒、有声音探索墙。其中图 5-1-5（3）所示的双通道路面设计有攀岩斜坡路面、绳网路面、斜面木板等，图 5-1-5（4）所示的上平台方式有旋转楼梯、绳梯、爬网、直角钻笼等。

图 5-1-5（1）

图 5-1-5（2）

图 5-1-5（3）

图 5-1-5（4）

图 5-1-6 是某园摆放在户外活动场的一座运动器械。从图中可知，该器械的主要构件是一条常见的长长的爬笼。如图上标注所示，当幼儿从底端的钻爬口进去，爬到顶部后，接下来的动作其实不应该又是"钻爬"，应该将这节钻笼改为一个可供幼儿"登高望远"的平台，这个平台同时还有让幼儿稍加休息的功能；而在原来设计为木板平台的地方，可以适当向外加宽，并在

图 5-1-6

向外加宽的空间设计一个滑梯，以令幼儿有选择滑下来的机会，即不愿意继续挑战的幼儿可以选择就地快速离开（或是将至此为止的活动空间视为专为小班幼儿而设计的），而愿意或有能力继续挑战的幼儿则可以继续前行。

照此调整思路，可以将原来又是爬笼的另一节活动空间，改造为具有锻炼幼儿平衡功能的空中荡桥；幼儿走过空中荡桥后，必然是比较紧张而疲累的，这时则应将原来也是爬笼的空间改造为木板平台。但这个木板平台与前面的平台应是有所区别的，区别就是可以在这个木板平台上适当增加一点难度与趣味性，比如可以在这个木板平台的个别空间镶嵌上几块不同图形的钢化玻璃，将木板平台改造为类似于玻璃栈道的效果。如果这座大型活动器械能作这样的处理，那么，就能给原来只有"钻爬"这样单一的功能、没有充分考虑幼儿运动特点（即张弛有度、难易结合）的长长的爬笼，赋予"登高望远""滑滑梯""空中荡桥""空中玻璃栈道"等更多元的课程价值。

### 3. 器械设计要体现对儿童友好的理念

《上海市幼儿园装备指南（试行）》在"玩教具装备要求"中规定："组合运动器械的出口数量宜多于入口数量。"在一座大型器械设施中，如果出口多了，就意味着幼儿在器械上活动时选择的机会就比较多，即幼儿在遇到身体问题或兴趣问题时有机会就近选择出口离开。给予幼儿选择的机会，就是对幼儿尊重的一种体现。

图 5-1-7 所展示的这个空中爬笼，目测超过 30 米长。这么长的爬笼，即便是成人钻爬完全程，也需要耗费一定的体力，更何况是幼儿。而且幼儿在活动时通常是集体活动，一个接一个往前钻爬，后面的幼儿免不了会催促前面爬得比较慢的同伴。因此，这么长的空中爬笼，估计幼儿在玩过一次之后，不免会产生紧张、疲惫乃至丝丝恐惧之感。且如此之长的爬笼只有进出两个开口，中间没有任何供检查或供幼儿选择的出口，这明显是不合理的，也有潜在的安全隐患。像这样的空中爬笼，在中间至少应该设计两到三个出口，以满足出口数量多于入口的基本要求，并且可以选择两三节爬笼空间，将之改造为供幼儿开展其他活动之用，以体现活动方式的多样性。

图 5-1-7

图 5-1-8 中的这个圆形钻笼，如图上箭头符号所示，右边第一个箭头表示进口，那么沿着该钻笼往下爬的话，幼儿是头朝下脚朝上；同样的，左上角的那个箭头所表示的幼儿爬钻笼的方向，也是头朝下脚朝上。这种爬行方式即使幼儿可以接受，也会因爬行速度太慢而导致拥堵。

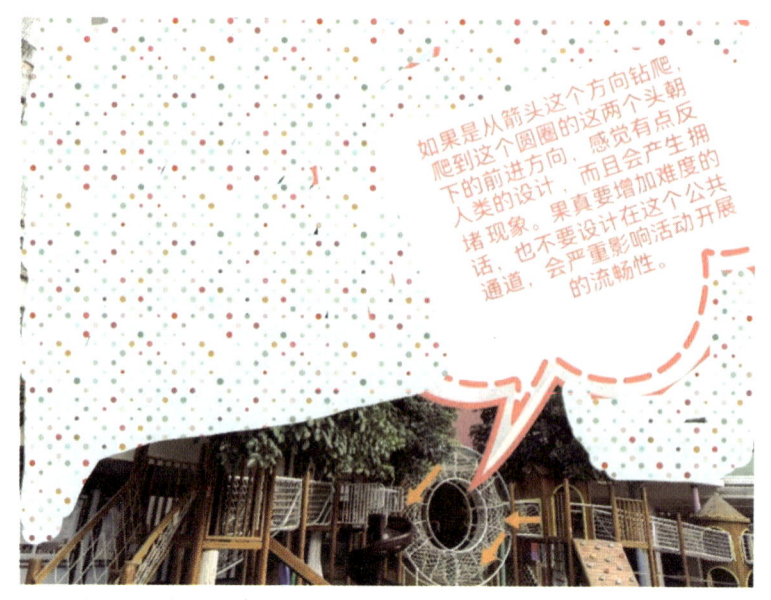

图 5-1-8

在器械设计时如何体现"儿童友好"这一理念？有效做法便是设计者与审图者要有儿童视角的"代入感"，要将自己想象为使用这一器械的幼儿，然后考虑：在这座器械上可以怎样玩？可以从哪几个入口比较快速地进入到这个器械？可以从哪几个出口比较方便地离开这座器械？到这座器械的每个角落可以玩些什么内容？这些内容好玩吗？在每个角落都可以发现什么小秘密？

4. 器械设计要体现教育公平的理念

在幼儿园里，小班幼儿在运动能力和各种相关经验等方面上，与中、大班幼儿有着比较明显的区别。因而，在设计大型多功能器械时，应设计适宜小班幼儿游戏的相对独立的空间；当然，中、大班幼儿要在专供小班幼儿玩的空间进行游戏也是可以的。在前面所举的案例（见图 5-1-4）中，显然的，楼梯这一方式是专门为小班幼儿而设计的。如果在大型多功能运动器械的设计中不方便单独划分出适宜小班幼儿活动的空间,那么在幼儿园运动器械的规划设计中,就应该设置专供小班幼儿活动的相应的设施设备。

图 5-1-9 所示案例中,靠近棕榈树的这个离地 1.6 米高的平台有一个旋转楼梯可以上到,平台上有转动珠子、哈哈镜、与下面联动的传声筒、玻璃栈道等,有一个出口滑梯;中间那个爬笼是连接大型器械的主体部分。平台下方还设有秋千、旋转的绳结,以及系在两棵树之间走平衡用的荡绳(上方有吊环抓手)等设施。这个相对比较独立的平台空间,便是专为小班幼儿而设置的。

图 5-1-9(1)

图 5-1-9(2) 　　　　　图 5-1-9(3)

5. 器械设计要体现充分而合理利用空间的理念

图 5-1-10(1)中的平台,下方空间设置了走平衡木桩、爬网。图 5-1-10(2)中,离地 1.3 米的第一个平台下方空间安装了具有遮光效果的围帘,既可以给幼儿创设一个私密空间,又可以让幼儿在里面玩光影游戏。需要特别说明的是,这里的"合理"指的是在留白理念下的充分利用,反对采用"塞满""填满"等过于粗暴简单的做法。

图 5-1-10（1）  　　　　　　　　　图 5-1-10（2）

**6. 器械设计要体现与场地空间和谐统一的理念**

大型器械相对而言需要占用一定的场地空间，在某种意义上也属于幼儿园的户外建筑物，其造型与色彩带给人们的视觉效果是无法忽略不计的。因而，在大型多功能器械的设计上，还应体现出与幼儿园已有建筑风格相和谐统一的理念。在整座大型器械造型的设计上，要将幼儿园的文化元素充分考虑进去，尽量将整座大型多功能器械设计成幼儿园文化的一种"物化"形式。除造型外，户外多功能器械设计中的色彩也应该引起人们的关注。色彩是可以产生视觉美感的一种空间造型设计语言，色彩运用的好坏，直接影响到人们的审美与心理感受。色彩使用得恰当，可引起人们心理上的舒适、愉快感受；反之则不然。在颜色的选用上，主张与已有建筑物的主色调相一致，如果大型器械设计有多个活动平台，可以通过采用与整座大型器械主色调相一致的渐变色或邻近色，或采用其他方式，加以适当区分。

图 5-1-11 是某幼儿园户外的一座大型器械，其色彩从图上可知可谓是五彩缤纷。这种过于追求五颜六色、丝毫不考虑和谐观感的色彩运用，俗艳至极，难以言表。有研究者撰文指出："混乱无章的色彩搭配则会造成人视觉上的强烈刺激，引发人情绪低落和心理的疲惫感。长期处在这样的环境中，容易造成视觉疲劳，不利于幼儿的成长。"[1]

---

1　韦佳佳：《幼儿园室内空间色彩指向性研究》[硕士学位论文]，广西师范大学，2016 年，第 38 页

第五章　多功能器械设计

图 5-1-11

## 第二节　多功能器械设计例举

现以某幼儿园"海豚与海"大型多功能器械设计方案为例，阐述关于大型多功能器械设计的基本思路与制作要求。

### 一、方案位置与设计效果概观

（一）方案位置

本大型多功能器械设置在某园围墙边沿，围墙边的绿化树尽量保留，原有的沙池保留，去除功能单一且占用场地空间的长长的"爬笼"设施，见图5-2-1（1）（2）。

图 5-2-1（1） 　　　　图 5-2-1（2）

## （二）方案设计效果概观

见图 5-2-1（3）。

图 5-2-1（3）

## 二、方案设计思路、立意与理念

### （一）方案设计思路

"海豚与海"是本座大型多功能器械的名称。"海豚与海"的设计依据：幼儿园毗邻泉州湾，泉州是海上丝绸之路起点城市之一，且该园 logo 以海豚图案为主，见图 5-2-2（3），因而，方案设计以"海豚、海丝（海上丝绸之路）"为创作主线，以"面朝东海，逐梦未来"为主题，营造"海豚喜跃海面，孩儿欢畅学园"的未来图景意象。

图 5-2-2（1） 　　　　　　　图 5-2-2（2）

图 5-2-2（3） 　　　　　　　　　　　　　图 5-2-2（4）

（二）方案设计立意

方案凸显了文化意识与未来图景。这里的"文化"指的是"学园的海丝文化"，整个造型设计以海豚、波浪为主，其中海豚取自幼儿园的 logo。整座器械的造型和立意，将与幼儿园已有的设施共同诠释"学园的海丝文化"，即将"学园的海丝文化"物化与具象化。方案中的"海豚"比喻"孩子"，海豚跃出海面、游向未来这一画面，所寓意与展望的是孩子们在学园里快乐游戏、健康成长的未来图景。"凸显文化与面向未来"就是本方案构思的立意，也是本方案取名为"海豚与海"的由来。

（三）方案设计理念

基于设计立意，结合幼儿园实际及该园所在地文化，提炼出"一核两观三要求"的设计理念。"一核"，指的是方案设计时应将"多元"作为核心目标，让幼儿在"有限空间尽可能获得多元而有益的学习经验"。"两观"，指的是方案设计时应紧紧围绕科学的、先进的儿童观和课程观。"三要求"，指的是在方案设计时需要贯彻三个"务必"的基本要求，即"务必规范、务必友好、务必兼容"。

"一核"中的"多元"，指的是在方案设计时赋予整座大型器械与幼儿间的互动方式与体验应是多元的，即应体现大型器械的多功能性。而要体现多功能性这一要求，就意味着整座大型器械在造型、材质、玩法等方面的设计上，应尽量做到多样化。如本方案中所设计的秋千，见图 5-2-3（1），造型、材质上尽量不重样。又如平台台面的设计，并不是简单的平铺直叙而已，见图

5-2-3（2）(3)（4），有钢化玻璃镶嵌出不同的几何图形，有绳网与木板连接，有海星等图案；有的台面是密闭的，有的台面特地留出4毫米的缝隙（在太阳光照射下，下方会有相应的影子）等。

图 5-2-3（1）

图 5-2-3（2）

图 5-2-3（3）

图 5-2-3（4）

户外大型器械的功能定位，固然是以运动功能为主，但在体现大型器械这一核心价值的同时，也应尽量将大型器械的多功能延展到户外科学探究、建构游戏、社会性人际交往等领域，让整座大型器械也担负起促进幼儿身心全面发展的使命。

图 5-2-3（5）（6）（7）为本方案中供幼儿开展沙上建构游戏、科学探索游戏的沙池区。在保留原有沙池的基础上，本方案丰富了原有沙池的好玩性，除了增加必要的遮阳设施，还增加了筛沙、蕴含数学经验的拉力沙袋，以及可以上下联动的吊沙游戏（特别说明：基于安全考虑，吊沙游戏的上方孔洞在制作时会加盖防护罩，即吊上去的桶是由另一名幼儿从防护罩侧面取出）。

图 5-2-3（5）

图 5-2-3（6）

第五章　多功能器械设计

图 5-2-3（7）

"两观"指的是科学的、先进的儿童观和课程观，即在方案设计时应坚守儿童视角，坚守让幼儿获得有益的学习经验的基本立场，让整座器械体现出尊重儿童、服务儿童、发展儿童的初心。具体言之，就是整座大型器械应让幼儿亲身体验到好玩、爱玩、多玩、耐玩，整座大型器械带给幼儿的是一种百玩不厌、流连忘返的好的体验。因此，整座器械不管是平台上还是平台下都设计了丰富、多样的好玩的项目，尽量为幼儿打造一个有准备的环境，让幼儿在有趣、有挑战的有准备的环境中获得高质量的发展。关于"两观"设计理念，我们还将在后面的效果图节点解析中做进一步的展示。

"三要求"体现在三个"务必"上。一是在规范上，务必要符合《托儿所、幼儿园建筑设计规范》（JGJ39—2016）（2019 年版）、《福建省示范性幼儿园评估标准（修订）》（2022 年版）、GB/T 27689—2011《无动力类游乐设施儿童滑梯》等"国标""省标"要求。如图 5-2-4（1）中所标尺寸，表示器械设计时尽量做到"该退距的退距，该缓冲的缓冲"，以确保幼儿活动安全系数。又如图 5-2-4（2）中，平台设计高度符合福建"省标"要求（平台不高于 1.8 米）。

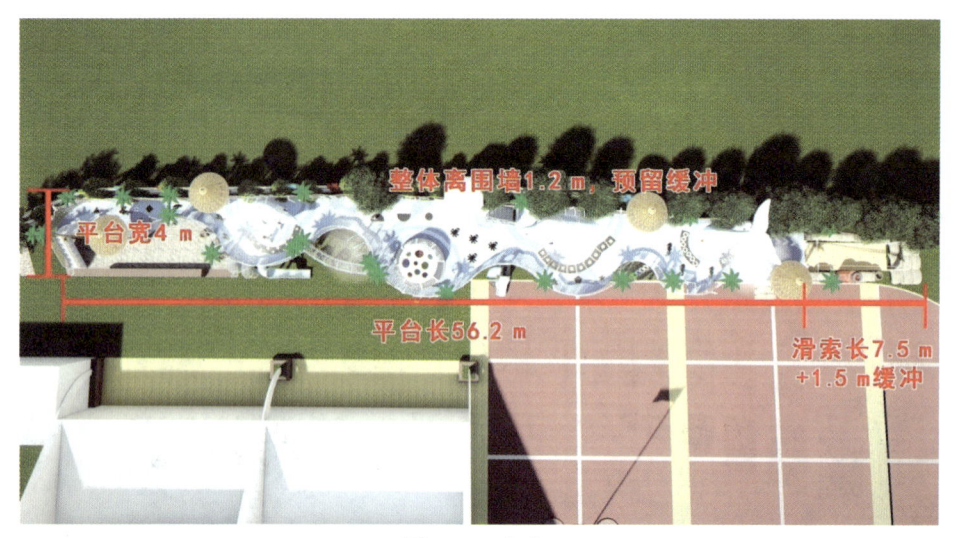

图 5-2-4（1）

图 5-2-4（2）

二是在关系上，务必要贯彻"儿童友好"的理念，整座器械与幼儿的关系是友好的，是便于各年龄段幼儿活动的。如图 5-2-4（3）所标识的器械通道路线图，上下通道口不仅尽可能地多，而且能让幼儿根据自己的水平、兴趣或身体状态灵活选择适合自己的上下平台方式，让幼儿有选择的机会，这就是贯彻"儿童友好"理念的最直接做法。

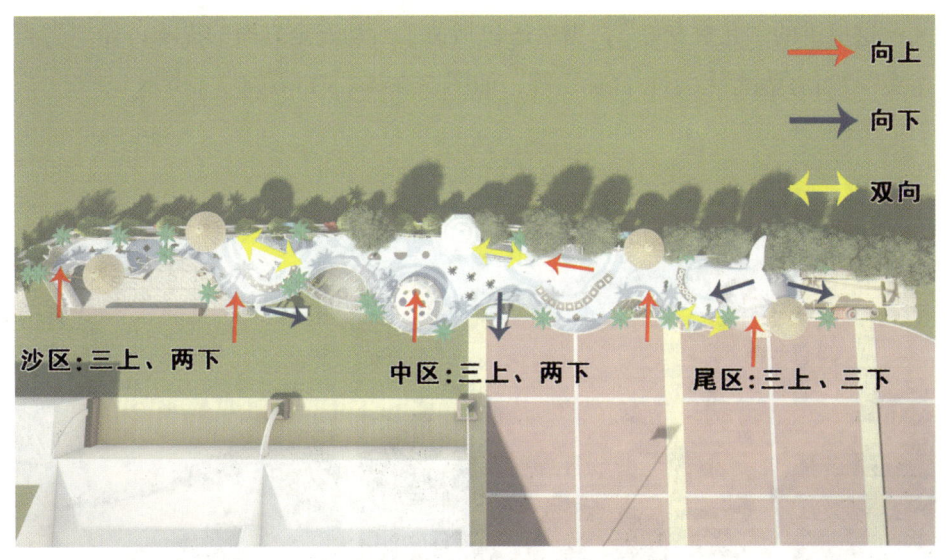

图 5-2-4（3）

讲到"友好"，需要特别指出的是，沙池上的那个活动空间是专门为小班幼儿设计的，活动难度比较低，位置也相对独立（在左侧），见图 5-2-4（4）。这一专门针对运动水平和其他经验相对不足的小班幼儿的"友好"，其实也是教育公平理念的一种体现。

图 5-2-4（4）

这里讲的"儿童友好",当然还包括关乎活动安全方面的提示,如"当心碰头""当心坠落""小心台阶"等,如图5-2-4(5)(6)(7)所示。

图5-2-4(5)

图5-2-4(6)

第五章　多功能器械设计

图 5-2-4（7）

三是在配置上，整座器械应务必为部分玩具的更新迭代创设可兼容的条件。本方案在部分平台空间设计了可拆可改的活动卡板，并为日后可能增设的项目如安装望远镜等预留一定的空间，见图 5-2-5。

图 5-2-5（1）

图 5-2-5（2）

### 三、方案细节展示与说明

整座大型多功能运动器械可以概括为：一带一球、两层三区、四通五域、三十六计。

（一）一带一球

1."一带"指的是整座器械中略呈带状的平台隔板，它形如波浪，又似展开飘扬的一片丝绸，寓意"'海丝'文化"（见图 5-2-6）。该平台铺设的材质与形式多样，如精心设计了隔板缝隙、采用不同坡度进行衔接等。

图 5-2-6

2. "一球"指的是平台中央的球体,见图 5-2-7。球体设计精巧美观、有趣好玩,周围一圈海豚似在嬉球。海豚所嬉的不仅是球,也是孩子们心中的快乐之梦,其寓意为"快乐玩、有效学、向未来"。

这个"一带一球设计",就是前面所讲的方案立意的落地。

图 5-2-7(1)

图 5-2-7(2)

图 5-2-7（3）

## （二）两层三区

1. "两层"指的是整座大型器械的活动空间共分为两层。整座器械由钢柱支撑，安全牢靠；顶部造型多样多种，美观大方（见图 5-2-8）。

图 5-2-8

2. "三区"指的是本座大型器械可以分成 3 个区域——沙池区、中部核心区、尾部滑索区，3 只海豚分别在 3 个区域嬉戏并互相眺望（见图 5-2-9）。

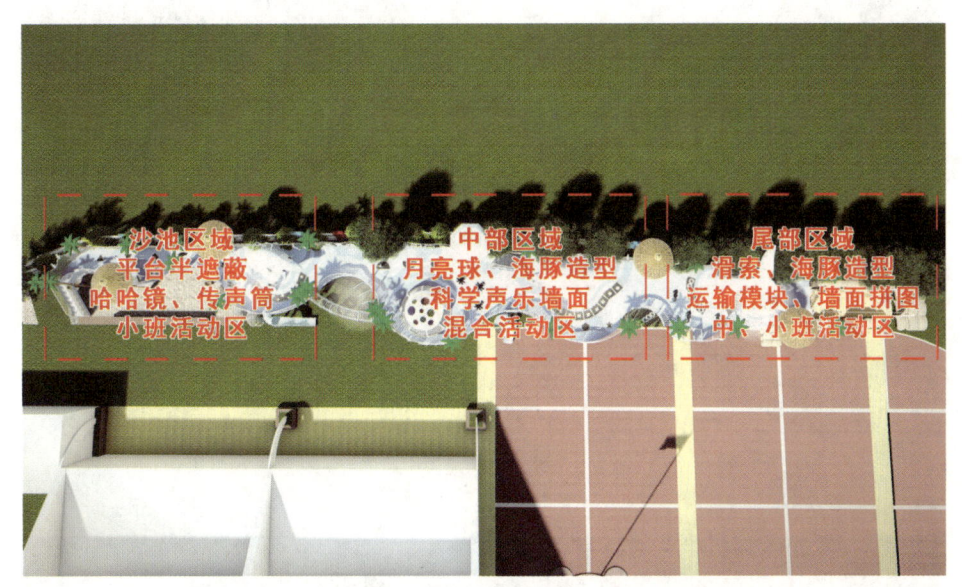

图 5-2-9（1）

图 5-2-9（2）

图 5-2-9（3）

图 5-2-9（4）

（三）四通五域

1."四通"指的是本座大型多功能器械的交通路线设计得科学合理，四通八达（见图 5-2-10）。

第五章　多功能器械设计

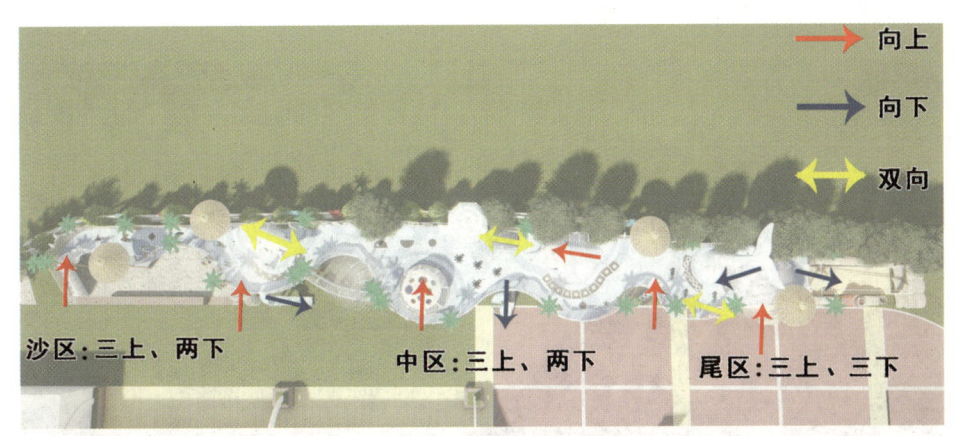

向上
向下
双向

沙区：三上、两下　　中区：三上、两下　　尾区：三上、三下

图 5-2-10（1）

图 5-2-10（2）

图 5-2-10（3）

图 5-2-10（4）

图 5-2-10（5）

2."五域"指的是本座大型多功能器械有机地将学前教育的五大领域进行了大融合，体现处处有课程的理念（见图 5-2-11）。

图 5-2-11（1）

图 5-2-11（2）

图 5-2-11（3）

图 5-2-11（4）

图 5-2-11（5）

图 5-2-11（6）

## （四）三十六计

"三十六计"指的是第一个区域沙池区共有 14 个游戏点，第二个区域中部核心区有 11 个游戏点，第三个区域尾部滑索区有 11 个游戏点，加起来共 36 个游戏点，合称"×××幼儿园三十六计"（见图 5-2-12）。

❶ 凸起爬坡　　❹ 哈哈镜　　❼ 传声筒　　❿ 网面梅花桩　⓭ 连接钻网
❷ 玩沙墙板　　❺ 运沙装置　❽ 直角钻网　⓫ 海豚造型　　⓮ 秋千
❸ 望远镜　　　❻ 筛沙器　　❾ 侧向滑梯　⓬ 科学锁具

图 5-2-12（1）

❶ 造型蹦网　　　❹ 海洋透光玻璃　❼ 海豚造型　　❿ 万花筒转转乐
❷ 月亮球　　　　❺ 楼梯　　　　　❽ 水雾器　　　⓫ 网红大秋千
❸ 音乐听觉组合　❻ 螺旋筒滑梯　　❾ 网面平衡木桥

图 5-2-12（2）

❶ 楼梯　　　　❹ 网面轮胎桥　　❼ 运输装置　　❿ 望远镜+翻转板
❷ 小木间隙　　❺ 海豚造型　　　❽ 攀爬沙袋　　⓫ 坐式滑索
❸ 海洋玻璃孔　❻ 水雾器　　　　❾ 轮胎攀爬墙

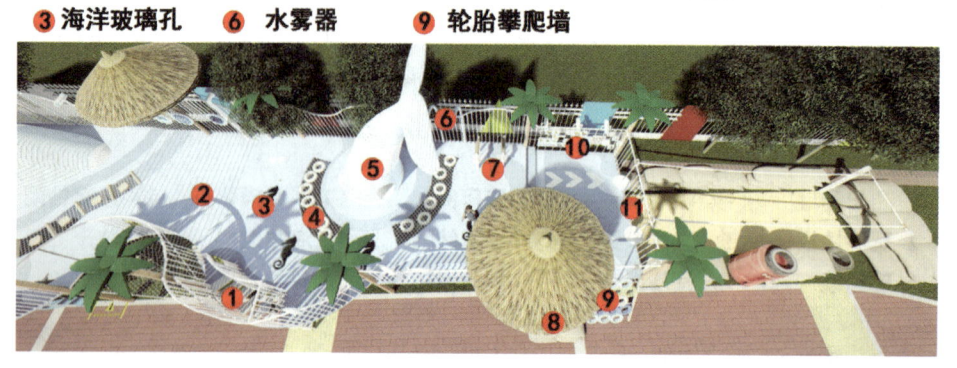

图 5-2-12（3）

图 5-2-12（4）

图 5-2-12（5）

图 5-2-12（6）

图 5-2-12（7）

图 5-2-12（8）

图 5-2-12（9）

图 5-2-12（10）

图 5-2-12（11）

第五章　多功能器械设计

直角钻网

图 5-2-12（12）

侧向滑梯

图 5-2-12（13）

网面梅花桩

图 5-2-12（14）

海豚造型

图 5-2-12（15）

科学锁具

图 5-2-12（16）

连接钻网

图 5-2-12（17）

第五章 多功能器械设计

图 5-2-12（18）

图 5-2-12（19）

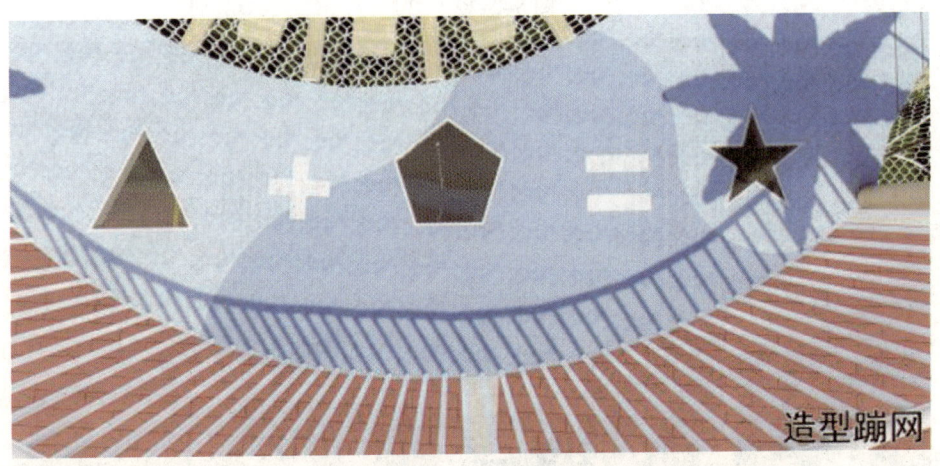

图 5-2-12（20）

图 5-2-12（21）

图 5-2-12（22）

图 5-2-12（23）

第五章　多功能器械设计

图 5-2-12（24） 音乐听觉组合

图 5-2-12（25） 海洋透光玻璃

图 5-2-12（26） 海洋透光玻璃

楼梯

图 5-2-12（27）

螺旋筒滑梯

图 5-2-12（28）

海豚造型

图 5-2-12（29）

第五章 多功能器械设计

水雾器

图 5-2-12（30）

网面平衡木桥

图 5-2-12（31）

转转乐

图 5-2-12（32）

幼儿园户外活动空间设计实务指导

网红大秋千

图 5-2-12（33）

楼梯

图 5-2-12（34）

小木间隙

图 5-2-12（35）

第五章 多功能器械设计

网面轮胎桥

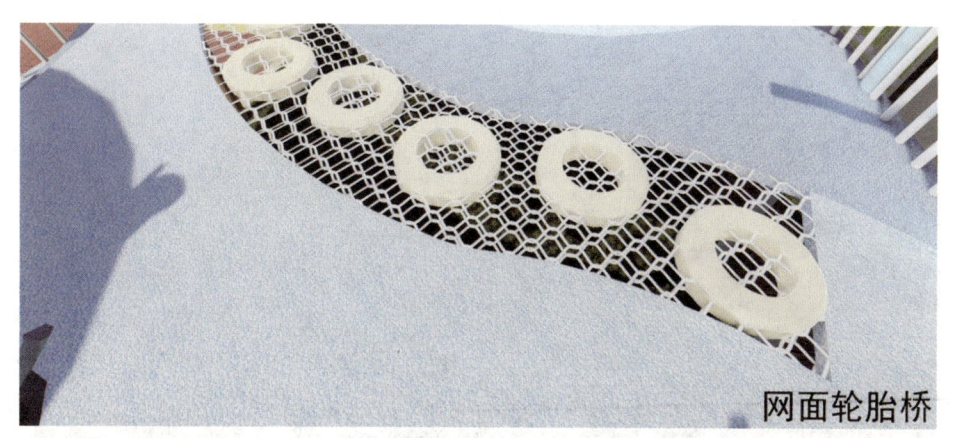

图 5-2-12（36）

海豚造型

图 5-2-12（37）

运输装置

图 5-2-12（38）

图 5-2-12（39） 运输装置

图 5-2-12（40） 攀爬沙袋

图 5-2-12（41） 轮胎攀爬墙

第五章　多功能器械设计

图 5-2-12（42）

图 5-2-12（43）

# 后 记

在2022年出版的《幼儿园课程与实践新述》一书中，本人曾以"幼儿园空间规划与环境创设"为题，用完整一章的篇幅集中阐述了自2019年以来，一些园长在筹办新园时就园所室内外活动空间环境规划，尤其是户外空间规划和户外大型多功能器械设计等相关问题陆续向本人咨询时，本人所做出解答的主要观点。

但在该书出版之后，本人总觉得对"幼儿园户外空间规划与环境创设"这一问题谈得还不够全面与深入，在现实中还是随处可见各种"离谱"的设计。例如：将滑梯出口设置在沙池里面，使得幼儿滑滑梯时常将沙子弄进所穿的鞋袜之中；将大型多功能器械直接架在沙池上方，因支撑大型器械的立柱太多而导致沙池"化整为零"，被分割成若干小空间，严重影响了沙池为幼儿开展沙上集体建构活动的课程价值；有限的沙池空间因过分追求所谓的造型美，而导致实用功能被严重削弱；大型器械的出口偏少，导致幼儿在中途无法根据自己的实际需要做灵活调整，即没有机会就近通过出口快速离开大型器械，一旦进入这个大型器械便只能别无选择地"从一而终"；平台与平台之间的衔接通道单一，且未能充分考虑幼儿移动的速度，从而导致通道拥堵现象；大型器械设计未能充分考虑到小班幼儿的年龄特征，未设置适宜小班幼儿活动的专用空间，导致小班幼儿因为玩不了而只能"望之兴叹"；不考虑幼儿园用水情况以及安全因素，在园中设置"深、窄、长"的水系，既占用空间、分割空间，又导致因实际使用率低而成为一种"摆设"；等等。幼儿园户外空间设计与设置是需要资金支持的，如果所设计与设置的活动空间未能充分发挥

# 后 记

起其应有的价值，那么不仅不利于幼儿全面发展，更是对所投入资金的一种浪费。

鉴于此，便有了这本把近 5 年来本人指导过的幼儿园户外空间设计的案例作阶段性整理总结的小书。本书就幼儿园常见的户外活动空间（如沙水池、山洞、树屋、种植园地、涂鸦区等）的设计所应遵循的基本要求或应规避的事项，采用"以图说事，以例说理""形式服务内容"的文体格式，将本人关于幼儿园户外空间设计方面的学习与思考所得尽量表达出来。但愿本书能对关注这一话题的园长、设计师有所裨益，让幼儿园户外活动空间设计走向更安全、更童趣、更游戏化、更富有课程意义。

本书能够顺利出版，要感谢信任本人专业水平的诸位园长，是你们给予本人机会涉足这一领域，有机会将本人在户外活动空间设计方面的观点落地；感谢为本书提供照片的园长、老师们，感谢福建雨润幼教服务中心的刘世维和施佳猛两位设计师用手中的"笔"将本人的构想图像化，感谢福建教育出版社林云鹏编辑对本书出版的鼓励与大力支持。

本书代表着本人在幼儿园户外活动空间设计这一领域的学习成果与点滴体会，囿于专业水平，书中难免存在一些有待完善的观点或不妥之处，在此也敬请诸位行家里手不吝赐教。

吴振东

2024 年 1 月 23 日